エネルギーフォーラム 出版案内

https://www.energy-forum.co.jp

3

2025

●弊社に直接ご注文される場合は国内送料実費をご負担ください。●価格などは2025年3月現在のものです。●ホームページで新刊図書をご案内しております。

株式会社エネルギーフォーラム
〒104-0061 東京都中央区銀座 5-13-3　tel 03-5565-3500　fax 03-3545-5715

既刊案内

日本再生の道を求めて

日本の再生を考える勉強会 編著

経済、医療、環境、エネルギー、ロシア、中東など、日本が直面するさまざまな課題への対処法を、各界の識者が分析・提言！

定価5280円

中国の自動車強国戦略
なぜ世界一の輸出大国になったのか

李 志東 著

綿密な国家戦略に立脚する揺るぎのないコスト、性能、サプライチェーンでの優位性。中国が自動車産業に革命を起こす。

定価2640円

カーボンニュートラル2050ビジョン

エネルギー総合工学研究所 編著 横山明彦／坂田 興／小野﨑正樹／山形浩史／平沼 光／金田武司／西山大輔 著

日本屈指の研究機関による中長期ビジョン（シナリオと技術展望）と有識者7名によるトランジションに向けた提言。

定価1980円

電気予報士なな子のおでんき予報

伊藤菜々 著

いま話題の電力系ユーチューバーが、あなたに伝えたい「エネルギー」のこと。ニッポンの未来を明るくしたい！

定価1760円

第2回
筑豊ララバイ
中島晶子 著

昭和30年代、炭鉱住宅に暮らす主人公を中心にさまざまな人間模様を筆者の幼年期の経験をもとに綴る。

定価1760円

第4回
小説 1ミリシーベルト
松崎忠男 著

原発事故で人生が一変した主人公は正しい情報を人々に届けるために奔走する中、ある言葉の解釈の重要性に気づく。

定価1980円

第5回
M&A神アドバイザーズ
山本貴之 著

地方のガス会社を舞台にM&Aを含む経営戦略を駆使して会社を新たな成長軌道に乗せていくビジネスライトノベル。

定価1540円

第6回
総理の決断――プロジェクトX 原子力
大塚千久 著

原子力を科学技術として正しく理解していくことの大切さを電力マンである主人公の目を通して活写。

・第3回は受賞作なし、第1回の『カムパネルラのつぶやき』（昭島瑛子著）は品切れ

ef

メディア・バイアスの正体を明かす

小島正美

エネルギーフォーラム新書

はじめに

なぜ、新聞やテレビ、雑誌のニュース（記事、報道）は「偏る」のか。偏りはメディアの世界ではバイアスともいわれる。そのバイアスが生じる要因を私なりに解明したのが、この本である。

一口にバイアスといっても、それが生じる背景には、さまざまな要因があげられる。記者の勉強不足、記者自身の価値観、市民または市民団体への忖度、言論機関の政治的態度、メディア同士の力関係、国や政治との距離感、専門家集団との関係など、いろいろな要因が考えられる。

なぜ、ゆがみを重視するのか。

メディアのゆがみ（偏り）をそのまま信じて行動すると、とんでもないことが起きうるからだ。たとえば、その偏りが健康・医療情報なら、間違った情報を信じて、間違った対処をすれば、病気が悪化することもありえる。避ける必要のない食品添加物を避けようとして、無駄な出費を強いられることもあるだろう。

子宮頸がんを予防するHPVワクチン（子宮頸がんの前段階にあたる「前がん病変」を予防することは確実になってきた）をめぐる新聞やテレビのニュースは、医師や科学者の目から見たら、バイアス（偏り）の極みだろう。大半の新聞、テレビはワクチンのネガティブな面を強調し過ぎた。その偏ったニュースのせいで、いったんは8割近くに達したHPVワクチンの接種率は、ほぼゼロにまで落ちた。その結果、今後、何が起きるだろうか。近い将来に減っていくはずの子宮頸がんの死亡率が減らないという事態が生じるだろう。このまま接種率ゼロ状態が続くと、他の先進国では子宮頸がんの死亡率が減っていくのに対し、日本だけが高いという異常な事態が生まれる可能性が高い。

ニュースの偏り（バイアス）が、将来のがんの死亡率にも影響するという異常な状態を作り出すのである。

ではなぜ、そういう偏りが生じるのかを考察したのが第1章である。私は記者になって40年以上たつ。新聞社の中にいて、その内部から見ていて、なぜワクチンのマイナス面に関する報道が先行していったのか。なぜ医師よりも被害者の声を重視するのか。なぜ市民団体からの抗議に弱いのか。そういった報道の裏側や記者の取材姿勢、気持ちなどを基に私なりに考察してみた。

バイアスが生じる最大の要因は、「市民（国民）への忖度」だという結論に達した。要するに、世論に逆らえない勇気のなさである。

その市民への忖度は、子宮頸がんを予防するワクチン報道に限らない。遺伝子組み換え作物の報道にも言えるし、食品添加物や放射線のリスク報道にも言える。

そういう問題意識から、安全と安心の関係はどうなっているのか。そもそも科学者は世の中を変える力をもっているのか。科学者、記者、市民、国の力関係はどうなっているのか、といった問題にも記者の視点で切り込んでみた。

まずは第1章を読んでほしいが、遺伝子組み換え作物に興味のある方は第2章から読んでも理解できるようになっている。安全と安心の科学に関心のある方は、第4章から読んでいただいてもよい。「世の中を動かす力は何か」に興味がある方は、5章からお読みいただくのもよい。

メディア報道のバイアスといっても、私が問題だと感じるのは、何々が危ないというリスクにかかわる報道に関してである。世の中のいろいろな現象を知るには、いまも新聞が一番すぐれていると思っているし、時々刻々の出来事を歴史的な記録として残す作業は新聞にしかできない作業である。バイアスや誤りがあったら、すぐに修正し、反論があればすぐに載せるといった報道の原点（多様な事実や見解を載せる）にもどれば、新聞への信頼性を取り戻せると思う。外部からの指摘に謙虚に耳を傾け、偏ったニュースを報じても、それを放置しなければ、新聞離れは一定程度、食い止めることができるのではないか。

そういう新聞の再生にこの本が役立てば、望外の幸せである。またこの本が最近、重要性を増しているメディア・リテラシー（メディアの情報を批判的に読み解く能力や行為）に役立てばうれしい。

メディア・バイアスの正体を明かす　目次

はじめに

第四章 メディアの「リスク報道」と安全・安心の科学

第一章

子宮頸がんワクチン報道の大いなる失敗

HPVワクチン報道をめぐる新聞記者と村中璃子さん

新聞が死んだ日

新聞が死んだ。

そんな表現を使わざるを得ない衝撃的な体験を、2016年から17年にかけて、3度も味わった。

記者生活を40年以上続けてきて、これほど重い嘆きを味わったことはなかった。「このままでは、はたして新聞は生き残れるのか」。心底そう思った。

一度目の衝撃は、2016年11月16日の朝のことだった。毎日新聞の朝刊の片隅に「ワクチン影響　研究不正なし　信州大学・子宮頸がん」の見出しを見たときのことだ。朝日新聞を見たら、同じように「信州大『不正』認められず」と、これまた目をこらさないと気付かないほど小さなニュースが載っていた(写真1―1)。

こんなに重大な問題がなぜ、「研究不正なし」の短い見出しで終わってしまうのか。なぜ、そんな小さな扱いの記事になるのか。ことの重大さを詳しく報じるべき使命をもつ新聞が、なぜ、こんな程度の記事しか載せないのか。考えれば考えるほど落胆と嘆きがこみ上げてきた。

この小さな記事に対して、なぜ、「新聞が死んだ」と思うほどの衝撃を受けたのか。

震源はTBS「NEWS23」

この問題の発端は、約8カ月前の2016年3月16日夜にさかのぼる。

その日、私は夜11時から始まるTBSの「NEWS23」を見ていた。HPVワクチンの副反応などを検討会する国の研究班代表を務めていた信州大学の池田修一副学長（当時）がテレビ画面いっぱいに登場。そして、次のような驚くべき証言をした。（写真1―2）

「子宮頸がんワクチンを打ったマウスだけ、脳の海馬・記憶の中枢に異常な抗体が沈着」

「明らかに脳に異常が起こっている」

これを見ていた視聴者の大半は、恐るべきことが起きていると思ったに違いない。たとえマウスの実験でも、子宮頸がんワクチン（正式な呼び名は、子宮頸がんや咽頭がんなどを防ぐHPVワクチン＝HPVはヒト・パピローマ・ウイルス）を接種して、脳に異常が起きたとなれば、だれだって恐怖に身がすくむだろう。

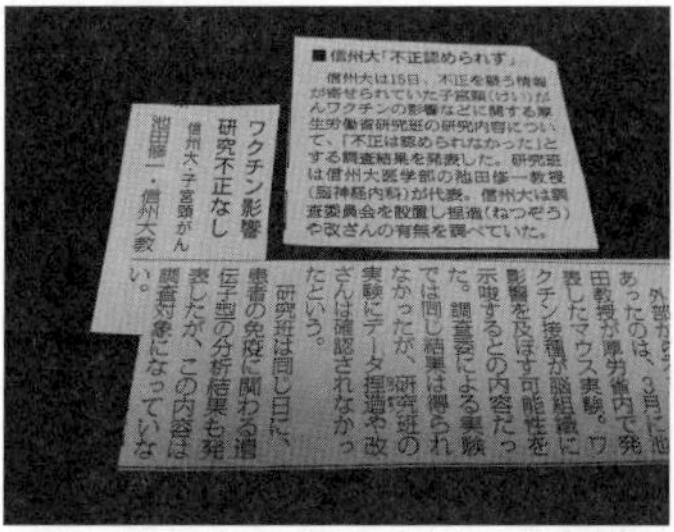
■信州大「不正認められず」
信州大は15日、不正を疑う情報が寄せられていた子宮頸（けい）がんワクチンの影響などに関する厚生労働省研究班の研究内容について、「不正は認められなかった」とする調査結果を発表した。研究班は信州大医学部の池田修一教授（脳神経内科）が代表。信州大は調査委員会を設置し捏造（ねつぞう）や改ざんの有無を調べていた。

ワクチン影響
研究不正なし
信州大・子宮頸がん
池田修一・信州大教

あったのは、3月に池田教授が厚労省内で発表したマウス実験。ワクチン接種が脳組織に影響を及ぼす可能性を示唆するとの内容だった。調査委による実験では同じ結果は得られなかったが、研究班の実験にデータ捏造や改ざんは確認されなかったという。
研究班は同じ日に、患者の免疫に関わる遺伝子型の分析結果も発表したが、この内容は調査対象になっていない。

写真1-1　「不正なし」が見出しとなった毎日新聞と朝日新聞

写真 1-2　池田氏が出演した NEWS23

ワクチン接種でマウスの脳切片が緑色に輝く映像は、科学的な装いを伴って、「ワクチンで脳障害が起きる」という強烈なイメージを国民に植え付けた。この映像は歴史に残る決定的な瞬間だったともいえる。

翌日（3月17日）の各紙朝刊には、「ワクチンで脳に異常」を思わせる記事が掲載された。毎日新聞は「研究班（※池田班のこと）は複数のワクチンをマウスに接種する実験で、子宮頸がんワクチンを打ったマウスの脳だけに神経細胞を攻撃する抗体が作られたとしている・・」と報じた。

朝日新聞も「脳障害発症の8割　共通の白血球型」との見出しで、脳障害が出やすい背景に遺伝子が関係している可能性も報じた。つまり、当時問題になっていた症状の背景には、日本人特有の遺伝子が関係している可能性もあることをにおわせた記事だ。

毎日新聞も「患者8割　同じ遺伝子」との見出しで、脳の異常を起こした原因として、免疫システムにかかわる遺伝子が関係しているのでは、とする池田氏の考えを朝刊で伝えていた。

この池田氏の研究結果は3月16日（２０１６年）に開かれた国の識者検討会で発表されていた。その発表を聞いていた私の知り合いの記者は「信州大学の医学部長と副学長の両方の肩書をもつ学者が自信たっぷりに話すので、そのときは大きな説得力を感じた」と振り返る。聞いていた検討会の委員からも異論は出なかったようだ。

このマウス実験が「疑惑の実験」だったと分かるのは、それから約3カ月後、たった1人のヒーローの出現を待たねばならなかった。

しかし、とりあえず、第一幕は池田氏の「ワクチンで脳に異常が起きている」が勝利を収めた。

池田氏は理論的支柱

次の展開に進む前にワクチンをめぐる当時の様子を簡単にふれておこう。

ＨＰＶワクチンを無料で受けられる国の定期接種は２０１３年4月に始まった。その直前に「ワクチン接種後に歩けなくなった」などの症状を訴える被害者が現れ、大きなニュースとなった。そのニュースがメディアを通じて全国へ広がり、「私の症状もワクチンのせいでは」と疑う被害者が次々に増えていった。その症状は、高校生など若い女性たちを中心に「全身が痛い」「手足がしびれる」「脱力感がある」「計算ができない」「漢字が書けない」などさまざまな脳神経症状を示した。同じころ、ワクチンが原因だとする被害者団体が生まれた。

科学的な因果関係は解明されていなかったものの、どちらかといえば、主要な新聞とテレビ（特にTBSとテレビ朝日）は被害者の側に立って、ワクチンの怖さを強調する報道を繰り返していた。

そうしたメディアの論調の理論的な支柱（ニュースの主役）となっていたのが、冒頭に登場した信州大学の池田修一氏だった。

新聞のくらし面で主に食や健康問題を担当していた私は、接種が始まった当初の1～2年間（2013年～14年）は、HPVワクチンの有用性と副反応（正式には因果関係が分かっていないものも含むので、有害事象という）について、冷静にメリットとデメリットを書いていた。ただ、私は厚生労働省の記者クラブに属する記者ではなかったため、因果関係を追究する研究が国の手にゆだねられたあとは、記事は厚労省の記者にまかせ、どちらかといえば、新聞社の中にいながら、一読者として、記事を読んでいた。

恥ずかしながら、TBSの「NEWS23」（2016年11月）を見たり、翌日の新聞を読んでいたころの私は、国の研究班の最前線を追いかけていなかったため、マウスの実験で脳に異常が起きるならば、もしかして因果関係があるかもしれない。そう思っていたくらい最新の状況に疎かった。

記者として、ワクチンの有効性に関する知識はあったものの、ワクチンと脳障害に関する国の研究の最前線に関しては、素人っぽい知識しか持ち合わせていなかったのだ。

村中璃子さんの記事で衝撃

そんな私に衝撃を与えたのが、2016年6月に出た雑誌「WEDGE」（ウエッジ）だった。見出し（WEDGE7月号、写真1―3）を見ると「子宮頸がんワクチン薬害研究班　暴かれた捏造」とあった。

「捏造」という言葉に釘付けになった。

写真1-3　ウエッジ記事

まさか信州大学の副学長まで務め、患者の治療に熱意を傾けていた学者が、実験を捏造するのかな？　と信じられない気持ちだった。しかし、記事を読み進めるうちに、実験報告に使ったマウスはたった1匹だと分かった。しかも、別のワクチンを打った他のマウスにも、その1匹のマウスと同様の自己抗体（緑色に輝く映像）があったというのだ。さらに実験を直接やったのは池田氏ではなく、同じ信州大学の別の学者2人だったことを知る。

記事を書いたのは、医師でジャーナリストの村中璃子《りこ》さんだった。村中さんは、２０１５年から「ＷＥＤＧＥ」でワクチンと被害者たちの症状に因果関係はないとする中身の濃い重厚なレポートを書いていた。それを読んでいて、村中さんの存在は知っていたが、会ったことはなかった。

村中さんが書いたＷＥＤＧＥの記事は、池田氏の実験内容が克明に記されていた。しっかりとした裏付け取材があり、読んでいて、信頼度は高いと感じた。

あれだけ新聞やテレビの記者たちが熱く報じていた実験が、たったマウス１匹の実験だったとは。

記事を読み終えて、一種の脱力感を覚えた。

こんな粗雑な実験を、なぜ、もっと早くプロの新聞記者たちは見破れなかったのか。まず最初にそう思った。この問題を追いかけていた記者たちは、大手主要新聞やテレビだけでも優に10人以上はいたはずだ。厚生労働省を受け持つ記者は入社して数年の新人記者ではない。みな、それなりの知識をもった30代以上の中堅記者ばかりである。そんな優秀な記者たちが、なぜ池田氏の実験の中身を詳しく取材しなかったのか。

なぜ記者たちは、池田氏の言うがままに記事を書いていたのか。

考えれば考えるほど情けない気持ちに襲われた。

ともかく２０１６年６月は、主要な新聞社やテレビの記者たちが、たった一人のジャーナリスト（村中璃子さん）に敗北したときであった。

しかし、そのときは、たった一人のジャーナリストに抜かれた、やられたという気持ちのほうが強かった。まだ「新聞が死んだ」という意識までは芽生えていなかった。たった一人のジャーナリストに負けるようでは、新聞記者の力量が劣化しているのでは、という気持ちのほうが強かったのだ。

村中さんを名誉毀損で提訴

その後、新聞が死んだという決定的な瞬間を迎えることになるが、その話に進む前に、村中さんのスクープ記事をめぐって、私には理解できないことが起きたことを記しておきたい。池田氏の学者としての行動である。

通常なら、「あなたの実験はねつ造だ」と言われたら、その学者は怒って、すぐに記者会見を開き、自分の実験を明らかにして、反論するだろう。まっとうな学者なら、いくら「捏造」と書かれようが、記者会見で自己の実験が正しかったことを記者たちにちゃんと説明すれば、身の潔白を証明できるはずだ。

仮にねつ造という言葉が誇大な見出し（裁判ではウエッジの編集長がリードしたと証言）だったとしても、どの科学者が見ても、実験が正当なものであれば、ねつ造という言葉に負けることはないはずだ。

ところが、池田氏は被害者たちを支援する薬害オンブズパースン会議とともに、ウエッジと村中さんを相手に「名誉毀損にあたる」として損害賠償と謝罪広告を求めて、訴訟を起こしたのである（2016年8月）。

池田氏はなぜ、すぐに記者会見を開いて、堂々と自らの実験の正当性や正しさを訴えなかったのだろうか。

約3カ月前には、あれだけ自信ありげにテレビに出演し、「脳に異常が起きた」という派手なアクションを演じていたのに、実験結果の不備を指摘されて守勢に立たされると、今度は一転して、沈黙を守り、提訴に打って出たのは理解に苦しむ。

ここは学者らしく、自らの研究で応戦してほしかった。実験に自信と信頼性さえあれば、どの学者だって勝てる試合だ。あのテレビで全国民に訴えた「マウスの脳に異常が起こっている」というメッセージは、いったい何だったのだろう。

いったん名誉毀損の訴訟が始まれば、スクープを放った村中さんは被告の側に回り、村中さんのスクープ記事を称賛する記事は書きにくくなる。そういう意味では池田氏の提訴は、作戦上は巧妙だったかもしれないが、言論に対しては、反論を試みるなど言論で応えてほしかった。それが言論の世界の鉄則だからである。

残念ながら、私から見れば、池田氏は自由な言論を訴訟という手段に訴えて封じてしまった。本当に残念なことだ。

池田氏の実験が、ねつ造にあたるかどうかは、確かに議論の余地があるだろう。池田氏は自分で実験を行っていないので、実験データの数字を改ざんしたといったような行為はしていない。他の学者が行った実験データを自分の目的や解釈に都合のよいように取り出し、恣意的に捻じ曲げて公表した。つまり、真実に対して誠実さに欠けていたことは間違いない。

個人的な考えを言えば、マウス1匹の実験をもって、あたかもことの真相が分かったかのような言動を大手のテレビ放送で全国民に向けて訴えたことは、結果的に国民をだましたことになる。捏造ではなく、だましだと思う。

ところが、名誉棄損訴訟の証人尋問（私は2018年7月30日の東京地裁を傍聴）で池田氏は次のような驚くべきことを述べた。

「NEWS23の報道で脳に異常があったというのは、マウスの話ではなく、患者たちの脳のことだ。患者（被害にあった若い女性たちのこと）たちはサボタージュしていると言われていたが、そうではなく、脳に異常が起きているという意味で話した。1匹のマウスの前に複数のマウスでの予備実験もあったが、このNEWS23で確定的なことを言ったわけではない」

尋問の中で池田氏の主張を聞く限り、池田氏は「NEWS23」の報道は間違っていたと主張したように私は受け止めた。裁判官から、「NEWS23の担当者は他より知識が多かったはずだ。なのに、なぜ、うまく伝わらなかったのか」と聞かれ、池田氏は「わかりません」と答える一幕もあった。

あのニュースが仮に誤報であれば、ことは重大である。あれだけのインパクトを国民に与えておきながら、その当事者の池田氏から「私の真意を伝えていなかった」と言われたのだから、TBSは報道機関の名誉にかけても、再度、池田氏があの番組でどのような説明をし、マウスの実験をどう説明したかを報じるべきだろう。

このままではTBSの名誉はなくなる。ぜひ検証番組をつくってほしい。

池田氏の実験報告がねつ造という言葉がふさわしいかどうかはあまり重要ではない。大事なのは、村中璃子さんの粘り強い追及と取材がなければ、マウス実験の真相が葬り去られたままだったということである。

真実を暴き出した村中さんの功績は、仮にねつ造というウエッジの見出しが名誉毀損にあたるとしても、そのマイナスを上回るだけの社会的な利益を生んだと私は考える。

当時、主要な新聞は池田氏の話を基に「ワクチンを接種したマウスの脳だけに異常があった」と報じており、あのとき池田氏は確かに接種したマウスの異常を強調したはずだと私は考える。

仮に名誉毀損で池田氏が勝訴したとしても、マウスの実験結果を捻じ曲げて国民に伝え、ワクチン接種の恐怖を広めた責任は大きいだろう。

信州大学の調査委員会に対する各紙の報道

私は冒頭で「新聞が死んだ」と書いたが、その出来事はこの提訴のあとに起きた。ウエッジの記事をきっかけに、池田氏の実験に不正があったかどうかをめぐり、信州大学は調査委員会（大島伸一・国立長寿医療研究センター名誉総長ら5人の委員）を発足させ、2016年11月15日、その調査結果を公表した。

それがこの章の冒頭で紹介した記事である。私が、新聞やテレビが死んだと思ったのは、この調査結果に関する記事を読んだときのことである。

調査結果について、朝日新聞は、「信州大『不正認められず』」との見出しで次のように伝えた（朝日新聞11月16日朝刊の全文、写真1―1）。

――信州大は15日、不正を疑う情報が寄せられていた子宮頸がんワクチンの影響などに関する厚生労働省研究班の研究内容について、「不正は認められなかった」とする調査結果を発表した。研究班は信州大学医学部の池田修一教授（脳神経内科）が代表。信州大学は調査委員会を設置し捏造（ねつぞう）や改ざんの有無を調べていた――

全文で、たったこれだけの内容だ。しかもミニニュース扱いだ。いったいどこに記事が載っているかを探すのが難しいくらいに小さな扱いだった。この記事から伝わるのは、不正はなかったという情報だけだ。

毎日新聞は次のように伝えた。やはりベタ扱いで目立たない記事だった（写真1―1）。

――信州大学の調査委員会は15日、「不正は認められなかった」との結論を公表した。ただし、予備的な実験結果を断定的に表現したことなどは問題だったとして、発表内容の修正と再現実験結果の公表を求めた。同大は関わった池田教授ら3人を厳重注意とした。外部から不正通報があったのは、3月に池田教授が厚労省内で発表したマウス実験。ワクチン接種が脳組織に影響を及ぼす可能性を示唆するとの内容だった。調査委による実験では同じ結果は得られなかったが、研究班の実験にデータ捏造や改ざんは確認されなかった・・・（一部要約）――

朝日新聞よりは詳しく書いているが、伝達内容はほぼ同じで、見出しも「ワクチン影響研究不正なし」だった。

当時の私は新聞社にいながら、厚生労働省のクラブ詰め記者ではなかったため、国の研究をめぐるワクチン問題に関しては、全く読者と変わりない立場にいた。毎日新聞と朝日新聞を読む限り、当時（11月16日）は新聞記事しか判断材料がなく、正直、池田氏の実験に不正らしきものはなかったのだと思ってしまった。つまり、池田氏の実験は捏造とは言えず、調査委員会の結果は池田氏を厳しく断罪する内容ではなかったのだと思ってしまった。

他紙はどうだったか。

ＨＰＶワクチンに批判的だった東京新聞は、そもそも記事が掲載されていなかった。ただし、親会社の中日新聞には「不正なし」の見出しで小さな記事が載っていたことをあとで知った。記事は「予備段階の実験だったが、断定的な表現を使ったため、ワクチンが原因で異常が起きたことが科学的に解明されたかのような印象を与えた…」（一部要約）と池田氏の実験の問題点が書かれていた。ただ、詳しい内容はなく、記事の扱いが小さすぎて、ことの重大さに気づく読者はいなかったのではないか。

産経新聞（東京地区）は、記事が載っていなかった。あとで聞いたら、ミニニュースの扱い（ただし東京都内で配られる最終版では掲載されなかった）だった。見出しは「不正なし」だった。ただし、記事の中身は「初期の実験結果を確定的な結論のように発表したことや、１匹のマウスでしか実験していない点を不十分と指摘した」と書き、マウス１匹という事実には触れていた。

毎日、朝日、産経、東京の各新聞がミニニュース扱いだったのに対し、読売新聞だけは異なっていた。３段の大きな扱いで「信大研究再実験求める　科学的議論不足」との内容だった。本文を読むと、池田氏の実験について、こう報じていた。

――・・・実験は各ワクチンをマウス１匹ずつにしか接種しておらず、そのマウスの脳を調べる実験でもなかった。これは予備的な実験だったが、公表段階では証明された結果のように伝えられた。（池田氏は）弁護士を通じ、「捏造も不正もなかったことを実証していただき、たいへん安堵した」などのコメントを発表したが、反省や謝罪の言葉はなかった――。

毎日新聞や朝日新聞に比べると、この読売新聞の記事は、池田氏の実験が不正に近いものだったことが分かる。マウス１匹の実験だったことも分かる。それでも、実験の詳細は分からず、調査委員会がどのような調子で池田氏の実験を判断したかがいまひとつ伝わってこない。

過去の過ちを修正しない習性

こうした報道を読み、私は、池田氏を強く糾弾するような厳しい調査結果ではなかったのだと勝手に思い込んでしまった。

しかし、ネットを見たら、「新聞は正しく伝えていない」といった書き込みがあった。だとすれば、自分で調査結果を読むしかないと思った。そこで信州大学のホームページを見たが、探せなかった。大学に電話で聞いたところ、ホームページには載せていないとの返事を得た。ならば送ってほしいと頼むと、すぐにファクスでリリース文が送られてきた。

その内容を食い入るように読み始めた。

すぐに頭が熱くなり始めた。主要な新聞に載っていた記事の内容とはあまりにもかけ離れた内容だったからだ。確かに「不正なし」の言葉はあるが、実験自体はいかにも不備で、決して国民に向かって「脳に異常が起きる」と言えるほどの内容ではなかったことが詳しく書いてあった。

どの新聞、テレビも、あれだけ「ワクチンで脳に異常が起きる」と騒いでおいて、その実験がいい加減なものだったと分かると、今度はミニニュースやベタ扱いで終わるという読者無視の展開を知るに及び、報道機関としての使命を果たしていないと思った。

多くの記者は池田氏をサポートする記事を何度も書いてきた。ところが、最後の終幕になって、池田氏の実験が全くの予備的な実験だったことが分かる。まともな記者なら、過去の記事の内容（実験結果）が間違っていたわけだから、その結末を詳しく報じるはずだ。

ところが、だれ一人詳しく報じない。

これでは、「あなたたち記者は何をやっているの？」と批判されても仕方のない終わり方であった。新聞の読者は「大切な情報を届けてほしい」との気持ちから、お金を払っているのに、結末をあいまいに終わらせるようでは、「新聞社にお金を払う価値はない」と思われても反論できないような結末なのである。

この結末を見ていると、記者という存在は、最初に書いた初期ニュースに整合性を持たせながら、記事を追いかけてゆく習性があるのだとつくづく感じる。つまり、最初に書いたニュースが間違っていた場合、その間違いを修正しない習性がある。そうした悪い習性が一挙に吹き出た一幕が池田氏の実験をめぐる報道だったといえる。

調査結果で驚愕の事実が明らかに

では、信州大学の調査結果はどのような内容だったのか。

中身を読むと確かに「捏造」や「不正はなかった」との記述はあるが、池田氏の実験の中身に触れた部分には、驚愕の事実が浮かび上がる。以下は調査結果の一部の要約だ。難しい専門用語も出てくるが、少々我慢して読んでほしい。

――本件マウス実験は、ワクチン等を接種したNF－kBp欠損マウス（以下、接種マウスという）そのものの接種後の様子や接種後の脳組織における自己抗体の沈着を観察したものではなく、接種マウスから血清を採取し、これを無垢（むく）のマウス等の脳組織に反応させる方法で採られていた。したがって、本件マウス実験は、ＨＰＶワクチン接種による副反応を調べるという意味においては、いわば実験室的な実験（インビトロ）であり、結果の公表においては、あらぬ誤解を招かないように、細心の注意を払うべき性質のものであった。・・・本件マウス実験の結果が、実験区ごとに各1匹のマウスから採取された血清を用いたものであることが確認されたことから、本件マウス実験は、いわゆる「予備的な実験」であり、この観点からも結果の公表に際しては、特段の配慮がなされてしかるべきものであった……――

ここまで読んだだけでも、驚くべきことが分かったはずだ。

池田氏が「脳に異常が起きている」として公表したマウスは、ワクチンを直接接種したマウスではなく、接種したマウスの血清を、別のマウスの脳に反応させたものだったのである。つまり、ワクチンを接種したマウスでは異常は起きなかったのだ。そこで、その血清を別のマウスに反応させて、いわば無理矢理に自己抗体の反応を作り出したものだったのだ。

池田氏の実験に再現性がなかったこともはっきりと書いてある。

このマウスは、そもそも放っておいても、自己抗体ができやすいマウスだった。NFlk Bp欠損マウスとは、意図した結果を出しやすくする特殊なマウスだった。

テレビのTBS「NEWS23」で語った池田氏の「脳に異常が起きている」（池田氏は訴訟の中でマウスのことではないと否定しているが）という内容は、こんな無理やりのマウス

1匹の実験から、作り出されたものだったのである。

国民は完全にだまされたのである。

実は、この調査結果こそが、まさにジャーナリストで医師の村中璃子さんが「WEDGE」（ウエッジ）で書いたスクープ記事の内容だったのだ。このときも、村中さんの取材力はすごいと私は素直に脱帽した。

接種後にさまざまな症状に苦しむ被害者たちの親からは、「村中さんの取材方法は強引で記者マナーに欠ける」といった批判を何度か直に聞いた。しかし、大の新聞記者たちが多数集まってもできなかったことを、たった一人であばいたスクープの重み、功績に比べれば、仮に取材方法が強引だったとしても、その功績の価値が落ちるものではない。

「WEDGE」の記事がなかったならば、そもそも信州大学の調査委員会は発足していなかった。池田氏の実験の不備も明るみにならなかった。そういう意味では、もし村中さんが新聞社の記者だったなら、新聞協会賞に値するものだったと思う。

村中璃子さんが「ジョン・マドックス賞」受賞

その村中さんは、2017年11月30日、「ジョン・マドックス賞」を受賞した。この賞は、英国の有名な科学誌「ネイチャー」の編集長を務めた故・ジョン・マドックス氏の功績を称えて創設されたものだ。今回が6回目の賞で、日本人では初めての受賞だった。この賞は、誤った情報や妨害などと戦いながら、公共の利益のために、科学的な情報の普及に貢献したジャーナリストや医師に贈られるものである。その趣旨から言って、村中さんの受賞はその名にふさわしいものだといえる。

ところが、この村中さんの受賞を報じる新聞が当初はほとんどなかった。産経新聞と北海道新聞（村中さんは北海道大学医学部出身）がごく短く報じたものの、目につくような扱いではなかった。

通常なら、日本人初の快挙であり、顔写真付きで3段か4段の扱いで報じてもおかしくないはずだが、なぜか大半のメディアは記事にしなかった。

私自身、村中さんの受賞のことは、受賞から2～3日たって、ネットのニュースで初めて知ったくらいだ。

不思議な現象だと思った。なぜ、新聞記者は村中さんの受賞を報じないのか。

新聞の二度目の死

私が「新聞は死んだ」と思った二度目の出来事とは、この村中さんの受賞を報じない新聞のことだった。

この時点で村中さんの受賞を各新聞が詳しく報道すれば、信州大学の池田氏のマウス実験のずさんさが再び露わになる。逆に言えば、新聞にとっては、村中さんの受賞を通じて、過去のマウス実験の誤報を解くチャンスでもあったのだが、この絶好の機会にも新聞はほぼ沈黙を押し通した。

そうこうしているうちに村中さんが12月18日（2017年）、厚生労働省で記者会見を開くことを知った。この会見を主催したのは、科学的な情報に基づく言論活動を展開する市民団体「守れる命を守る会」（石渡勇理事長）だった。司会役を務めたのは、元フジテレビの解説委員を務めた安倍宏行さんだった。安倍さんのことはテレビで見て知っていたが、過去に一度、名刺交換をした程度で個人的な付き合いはなかった。その安倍さんは、現在、村中さんのような言論を支援する目的でニュース言論サイト「ジャパン イン・デプス（Japan in-depth」を運営する。この「ジャパン　イン・デプス」を読めば、村中さんが書いた記事も読める。恥ずかしながら、この「ジャパン　イン・デプス」のことをよく知らなかった。改めて読むとHPVワクチンに関する記事に関しては、言論の中では一番読み応えがある。このワクチン問題に限れば、新聞よりも、こうしたウェブサイトのほうが言論として活躍していることになる。

安倍さんのような団体の力添えで、村中さんの会見が実現したということを伝えたいために、あえて会見の経過を記した。

さて、会見にもどる。村中さんは過去の経過を話し、さまざまな抗議を受けながら、ジャーナリスト活動を続けてきたことを述べた。名誉毀損の訴訟などを受けて、仕事が激減したことも吐露した。厚生労働省にある記者クラブの部屋には、主要な新聞社の記者といくつかのテレビの記者、フリージャーナリストが出席して聞いていた。

ところが、翌日の新聞を見たら、毎日新聞は掲載なし。朝日新聞はベタ扱いで「英科学誌などが村中璃子氏へ賞」（２０１７年12月19日付）との見出しでごく短く報じた。村中さんが受賞したという事実が分かる点では、報じないよりは報じたほうがましだろうが、その内容が傑作だった。読むと「・・村中氏は副作用などを分析する厚生労働省研究班の発表内容について疑義を示す記事を執筆。名誉を傷つけられたとして研究班の代表者から損害賠償を求めて訴えられている・・・」とある。

まるで村中さんが池田氏の名誉を傷つけた悪者かのようなニュアンスの記事だ。「疑義を示す記事を執筆」という言い方は正確ではなく、「・・研究班の池田氏のマウス実験の不備をあばくスクープ記事を書いた」と書くべきだろう。

こういう朝日新聞の一連の記事の流れを見ると、朝日新聞の記者は池田氏の実験結果の不備を伝えることによほど抵抗があるのだろう。村中さんの受賞のことを詳しく書くと、自分

（朝日の記者）が書いた過去の記事が間違っていたことがばれてしまう。その整合性が失われてしまうことに恐れを抱いているのだろうと察する。

村中さんの受賞を肯定的に詳しく報じると、村中さんの天敵のような存在である市民団体から猛抗議がくるのも影響しているのだろう。

毎日新聞も結局、村中さんの受賞を報じなかった。しかし、外部の識者が寄稿する「メディア時評」という欄で三浦瑠璃さん（国際政治学者）が「村中璃子氏受賞　なぜ報じない？」（２０１７年12月28日付）と書いたことで、初めて知った読者もいたのではないか。三浦氏は同欄で「新聞やテレビは受賞をほとんど報じていない」と書いたが、確かに、こんなメディアなら、読者や視聴者から、そっぽを向かれてもしようがない。

メディアは市民の気持ちを忖度？

もちろん私が村中さんにインタビューして記事にする方法もあったが、社内の事情でつぶれてしまった。社内には「ジョン・マドックス賞といっても、過去に報じた例はなく、特別に報じる価値はない」といった意見もあった。また、「村中さんだけを取り上げたら、被害者を支援する市民団体から抗議が来る。もし村中さんを取り上げるなら、両論併記で慎重に書かないとまずい」といった意見も出た。

新聞の記事は、1人でき上がるものではない。複数の人間が討議し、チェックし合いながら、つくっていくものなので、私がいくら記事にしたくても、記事にならないときはもちろんある。しかし、このときは、私の印象では市民団体からの抗議を最も恐れているように感じた。

このときの様子（空気）は既視感があった。

遺伝子組み換え作物に関する記事を肯定的に取り上げるときにも、過去に何度か似たような経験をしたからだ。

いま流行の言葉を使えば、いつの世も、メディアは「市民の心情を忖度」しながら、報道する傾向があるのだろう。市民がお金を払って、新聞を購読してくれているからこそ、メディア（特に新聞や雑誌）は言論の自由を維持できる。憲法で言論の自由が保障されていても、そのメディア媒体の経済的な基盤を支えているのは、新聞を購読する市民である。そのことを考えると、市民（顧客）が強い力をもつのは当然だといえるが、それにしても、あまりにも一部の市民団体の抗議に弱すぎる面がある。

確かに「報じる価値がないから報じない」というのも、ひとつの見識である。そういうスタンスはあってもよい。しかし、ただ単に報じないだけでは、なぜ村中さんの受賞が記事に出てこないかの理由が読者に伝わらない。「わが社はこれこれの理由で村中さんの受賞を報じません」と記事にすれば、結果的に報じることになり、報じない理由が成立しなくなる。

「報じない自由」をどう伝えるかは今後の大きな課題である。

テレビにいたっては、池田氏の実験を材料にして、散々HPVワクチンの危険性をあおっておきながら、続報がほとんどない。

このことから、次のようなことが言えるのではないか。TBSの「NEWS23」のような報道番組は、ことワクチンのような問題は一種のドラマだと思ったほうがよい。テレビの記者たちがワクチンの危険性のごく一面だけを意図的に大きく見せて、視聴者に恐怖を訴える手法のドラマである。報道には必ず記者の「見えざる意図」が忍び込んでいるということも覚えておくべきだろう。ドラマ仕立てのニュースは要注意だ。

もし、TBSがまっとうな報道機関だというなら、しっかりと池田氏の実験の内容が不備だったことを伝え、過去に報じた内容を訂正する必要があるだろう（ただし池田氏は、裁判では予備的な実験で確定的なことを言っていないと言っているが……）。どちらにせよ、TBSは最後の結末まで説明する責任を果たす必要がある。

このTBSテレビキャスターは政府に向かっては、よく「説明責任を果たすべきだ」と強い口調で言っているが、自分の番組が矢面に立つとトーンダウンするようだ。

村中さんの受賞の報道で、唯一、光ったのは東京新聞だった。社会面で大きく報じた（写真１―４）。記事には阿部博行と藤川大樹の２人の署名がある。子宮頸がんワクチンの有用性に関する事実をもっと報道すべきだという考えをもった骨のある記者たちである。社内で説得に回り、村中さんの受賞記事を載せたという。あとで、訴訟を起こしている市民団体から強い抗議が来たとも聞いた。

　もともと東京新聞はＨＰＶワクチンの報道では常に被害者側に立って報道していた経緯があり、あまりにもネガティブな内容に偏っていると思っていた。しかし、このときは「東京新聞にはまだ希望がある」と感じた。

安全性検証記事で英科学誌が賞
子宮頸がん
ワクチン推奨議論
「再開の機運に」
医師の村中さん

写真 1-4　村中さんの受賞を報じた東京新聞
(2017年 12月 19日付)

　阿部記者は6月16日（２０１８年）に「この人」という欄でも村中さんを紹介した。受賞者の人となりを紹介する記事は、記者ならだれでも書こうと思いつく通常の記事といってもよい。

　ところが、このごく当たり前の人物紹介記事に対しても、やはり市民団体から「副反応に苦しむ被害者をないがしろにしている」といった抗議が10件ほど来たという。中には「猛省を促す」といった抗議文もあった。そうした抗議文は社内で回覧されたと聞く。

村中さんの受賞を記事にすることと、被害者の気持ちをないがしろにすることとは全く別のことだ。被害者の声を届けることも、また村中さんの受賞を知らせることも、どちらも報道機関として伝える価値のある問題である。

こういういきさつを見ると、村中さんは、市民団体にとって天敵のような存在なのだろう。ともかく、村中さんの受賞に関しては、東京新聞の記者は世間を恐れずに事実を報じる勇気を発揮した。とはいえ、私が「新聞が死んだ」と思った三度目の出来事は、実は東京新聞をめぐる記事である。これはこの章の最後で後述する。

論文の撤回事件と記者たちの反応

村中さんの受賞自体を伝えるニュースは少なかったものの、村中さんのスクープ記事や受賞を境に、新聞やテレビの報道スタンスに変化が現れ始めた。池田氏のマウス実験にワクチン接種と被害の関係を裏付ける根拠がなかったことが分かってからは、記者たちの心境に微妙な変化が起きたのだろう。そのあたりの気持ちは記者感覚で分かる。池田氏の言動をこのままサポートしていてはまずいという思いが芽生えたに違いない。

その結果、ＨＰＶワクチンのネガティブな面を強調する記事やテレビニュースが２０１７年に入ってからは減少し始めた（私の肌感覚だが）。池田氏という柱がなくなり、ワクチンを攻める材料がなくなってきたからだ。池田氏に近い考えをもっていた学者たちがニュースに出る頻度も少なくなっていった。

その象徴的な出来事が２０１８年5月に起きた。池田氏のマウス実験とは別に、ワクチン接種で脳に異常をもたらす根拠のひとつとされたもう一つの論文が撤回されたという記事だ。最初に記事を書いたのは毎日新聞である。

どんな内容か。記事の一部（２０１８年5月13日付。筆者で要約）を以下に引用する。

——英科学誌サイエンティフィック・リポーツは、２０１６年11月に掲載した、子宮頸がんなどを予防するＨＰＶ（ヒト・パピローマ・ウイルス）ワクチンに関する論文を撤回すると発表した。ＨＰＶワクチンを巡っては、接種後の健康被害の訴えを受け、東京医大などのチームが「ＨＰＶワクチン関連神経免疫異常症候群（ＨＡＮＳ《ハンス》）」という病態を提唱した。仕組みを解明するため、ワクチンを百日ぜき毒素と共に投与したマウスを対照群と比較する試験を行い、脳の異常や運動機能障害などを確認。結果をまとめた論文を同誌で発表した。

試験では、血液脳関門を薬物が通過しやすくする目的で百日ぜき毒素を使用。ワクチンは、ヒトに接種する3回のうちの1回分に相当する量を使った。同誌は「ＨＰＶワクチンだけで起こる神経系の損傷を明らかにするために、百日ぜき毒素と高用量のワクチンを投与する手法は不適切」と指摘した。著者らは撤回に同意していない——。

記事だけでは理解しにくいかもしれないので、この実験をごく簡単に言うと、マウスに高濃度のＨＰＶワクチンと毒素を同時に投与したら、脳に異常が起きたというものだ。

毎日新聞に続き、翌日には朝日新聞もこの論文撤回を記事にした。

驚くべき展開はその後に起きた。

論文を投稿していた東京医科大学の中島利博教授や黒岩義之・横浜市立大学名誉教授ら研究チームが5月22日（２０１８年）、厚生労働省の記者クラブで会見を開いたのである。論文の撤回に異議を唱え、その論文の正しさを記者たちに訴えるのが狙いだった。

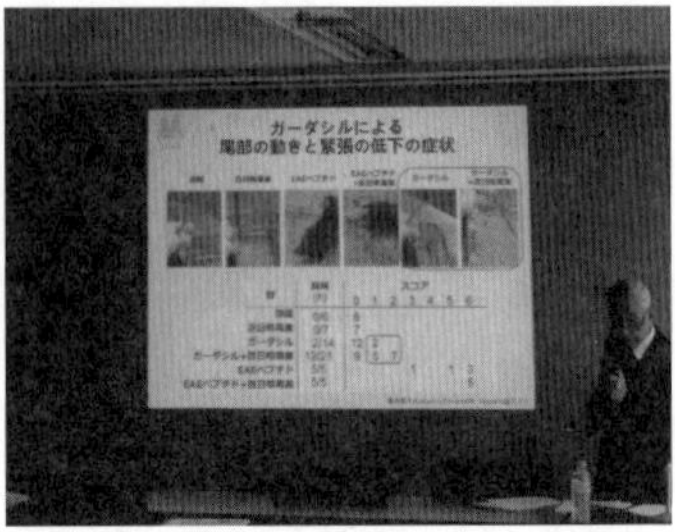

写真 1-5　黒岩氏の説明

当然ながら、私も会見に出た。中島氏は欠席したが、代わって、黒岩氏や西岡久寿樹氏（一般財団法人・難病治療研究振興財団代表理事）らが話をした。論文は２０１６年1月にいったん掲載されたが、その後、編集者と研究者のやりとりが続き、結局、２０１８年5月11日に撤回されたという。

私が注目したのは実験の中身である。黒岩氏が実験の内容について詳しく解説した（写真1―5）。

いったいどんな実験だったのか。

マウスの体重はわずか約20グラム。ヒトの体重を50キログラムとすると、マウスはその2500分の1である。そのマウスに、ヒトが接種するワクチンの7割程度の高用量のHPVワクチン（製品名はガーダシル）を、百日ぜき毒素とともに接種したところ、脳の一部（第三脳室）が縮小し、視床下部の血管内皮細胞がアポトーシス（細胞の自殺）を起こしたという実験だった。

なぜ、百日ぜき毒素を併用したのか。脳血液関門というバリアーをこじ開けて、薬剤ワクチンが脳内に侵入しやすいようにしたというのだ。脳血液関門は、毛細血管の内膜の働きによって、有害な物質が脳内に侵入するのを防ぐ機構である。マウスの実験では、脳への悪影響があったのは、百日ぜき毒素とワクチンを併用したときだけだった。高濃度のワクチンだけでは悪影響は出なかった。

しかも、ふつうにワクチンを接種しただけでは脳への異常が生じないことが想定されるため、免疫感受性の強いマウスを使ったという。

黒岩氏らの話によると、HPVワクチン接種による多彩な脳神経症状（HANS＝ハンス）は、1000人から5000人にくらいの頻度で起きるというが、それをマウスで証明するには1万匹のマウスで実験することが必要になる。もちろん、そんなことは不可能なので、通常のマウス実験ではなく、ある程度、急性毒性をみるような実験でやる必要があったと説明した。それが、免疫感受性の強いマウスを使い、さらにヒト（マウスの2000倍以上の体重）の接種量に近い高濃度のワクチンと百日ぜき毒素を併用した理由だった。

そういう過酷な条件がそろわないと今回の結果は再現されないという意味だ。つまり、そこまで過酷な条件を課さないと脳に異常が起きないという実験だった。私にとって重要なことは、高濃度のワクチンだけでは脳に悪影響は起きなかったという点だ。

もっとも科学的な病態のメカニズムを知るために、この種のマウス病態モデルをつくることはある。しかし、逆の視点から見ると、人は百日ぜき毒素を併用して接種しているわけではないので、今度の実験は、ワクチン単体では脳障害の原因にはならないというふうにも解釈できる。血液脳関門の働きが阻害されたときにだけ、悪影響が見られたということは、ワクチン接種だけでは異常は起きなかったとも解釈できる。

そのことを質問すると、黒岩氏は「影響には個人差があるので」と返答した。影響の原因が個人差であるならば、余計にワクチンのせいではなく、接種した女子たちの個人差が多彩な症状をつくり出したことになる。確かにそういう面はあるだろうと思う。みなが同じように接種しても、抗体が上がる度合いは人によって相当に異なる。抗体が異常に上がれば、体内で何か不都合な免疫反応が起きてもおかしくない。

そういう意味では、この種の研究自体が無駄だというつもりはない。

ただ、実験を聞いて問題だと思ったのは、マウスの実験で投与されたワクチンの用量が1種類の用量（120マイクログラム）しかなかったことだ。他のワクチンと比べることもなかった。この種の実験は、ふつうなら投与量を3つか4つのレベルに分け、少ない用量と多い用量で症状に差が出るかを見るはずだ。今回の実験は、それをしていなかった。他のワクチン群と比べて、症状の出方に差があるかも見ていない。

たった1つの用量と百日ぜき毒素だけのデータでは、本当に影響があったともなかったとも言えない。他のワクチンでも同様に影響があれば、HPVワクチンに特有の現象ではないことになるからだ。

素人的に考えても、感受性の高いマウスを使って、大量の医薬品（化学物質）と百日ぜき毒素を併用すれば、どんなマウスにも悪影響は出るはずだ。

いくら病態メカニズムの解明を目指すものとはいえ、この実験だけで結論を出すには、あまりにも不十分だと感じた。

記者たちから批判的質問が続々

今回の会見で興味深かったのは、記者たちからは、実験に対する批判的な質問が相次いだことだ。つまり、黒岩氏らの実験に賛同を示して、記事にしようとする積極的な姿勢はほとんどなかった。私自身も、黒岩氏らの実験を聞いても、ワクチンが脳の異常の原因だという確かな説得力を感じなかった。

もちろん、学者たちの姿勢は誠実であり、被害者たちをなんとか救いたいという気持ちも伝わり、説明には真摯さを感じた。ただ、実験自体には説得力はなかった。

特に西岡久寿樹氏は多彩な症状を訴える女性たちの苦しみを強調した。その思いは私もよく理解できる。女性たちがいろいろな症状に苦しんでいるのは事実である。私も、国がもっと救済措置（最低でも医療費の全額補助。できれば因果関係を問わず、無過失補償制度をつくって救済するのが理想）をとるべきだと思うが、それとワクチン接種との因果関係は分けて考える必要がある。

過去を振り返れば、花王が販売していた「エコナ」の有害性も、ことの発端はこの種の動物実験だった。がんになりやすい特殊なネズミを使って、がんを促進させると学者が主張し、問題がこじれていった。がんになりやすいラットを使って、遺伝子組み換え作物に発がん性があると２０１２年に発表したフランスのセラリーニ・カーン大学教授の実験も似たようなもの（これも論文が撤回された）だった。

こういう極端な実験手法を使えば、どんな化学物質をも悪役に仕立てあげることができるだろう。自分の望む結果を出したいと願う学者の気持ちは、特ダネを狙う記者のようだ。そういう意味では研究者も記者も、似た者同士のところがあるようだ。

ちなみに、この論文の撤回をいち早くニュース（5月11日）にしたのも、実は村中璃子さんだった。

ここでも気づくのは、新聞の記事を読むだけでは、私が記者会見で知ったような実験の詳しい内容はほとんど分からないことだ。ましてやテレビでは全く分からない。おそらく、撤回された論文はまた別のジャーナルに掲載されるだろう。世の中にはいろんな雑誌があるからだ。

知っておくべきことは、厚労省で会見した黒岩氏らの主張を詳しく記事にする記者がいなかったことだ。もはや以前とは様相が異なってきたと感じた。記者たちは、もはやワクチンのネガティブな側面を報じることにためらいを感じるようになってきたのではないかと感じた。

かといって、ワクチンのメリットを詳しく報じるわけでもない。また、以前に比べ、被害者たちの長く続く苦しみを詳細に報じることも少なくなった。記者たちはもはやどちらの側にも組せず、政府や学会の発表を淡々と報じる姿勢に転じたような印象を持った。

その意味では、いまのメディア（主要新聞とテレビ）は科学者からも被害者からも「こんな新聞、テレビでいいのか」と不満が起きるような存在になったといえる。

多彩な症状を報告する国際シンポジウム

その象徴的な出来事があった。

2018年3月24日、東京大学・武田ホールで「世界のHPVワクチン被害は今」と題した国際シンポジウム（「薬害オンブズパースン会議」主催）が開かれた。多彩な様相を帯びた症状は、日本だけでなく、コロンビンア、スペイン、英国、アイルランドでも起きているとの報告だった。スペインからやってきた被害者の親は娘の状況をこう述べた。

「2回目の接種の数分後、めまいが起こり、頻脈、体温上昇、けいれんが始まった。救急搬送され、42日間、集中治療室で過ごした。別の少女も同様の症状を起こしたのをあとで知った」

多彩な症状の報告は日本の被害者たちに似ていると感じた。

日本で起きたのと似たような症状を示す少女たちが他国にもいるという報告は、科学的に因果関係が分かっていないにせよ、それはそれで報じることが必要だと感じた。

なぜかといえば、信州大学の池田氏らは当初、日本人に特有の遺伝子が関係していることを示唆する遺伝子検査結果を公表していたからだ。記者たちはそれを記事にしていた。そういう経過があれば、仮に他国でも日本と同様の症状が生じているとすれば、日本人だけに特有の遺伝子が関係するという仮説は成立しないことになる。その意味でも、この国際シンポジウムの中身は報じる価値があったと思った。しかし、どの主要新聞もテレビもほとんど報じなかった。

この国際シンポジウムが２０１４年か15年に開かれていたら、おそらく大きなニュースになっていたと思う。

信州大学の池田氏の実験がずさんなものだと分かってからは、テレビはさっぱり報道することがなくなり、新聞もどちらかといえば、静観する構えに転じた。２０１８年に入ってからの記者の心境は、おそらく何も書かないほうが波風が立たず、どこからも抗議が来ないという安全域に身を置くというスタンスになっていったのではないか。そのスタンスが、この国際シンポジウムを報じない姿勢に見てとれた。

考えてみれば、ワクチンは、どの種類のワクチンにせよ、医薬品である。医薬品である以上、絶対に安全（副作用ゼロ）ということはない。１００万人がワクチン接種を受ければ、数人くらいに副作用が起きても不思議ではない。同じ人が接種しても、その体調や時期によっては、副作用が起きることもあるだろう。

副作用がゼロという医薬品はそもそも存在しないのだから、そういう意味でも、この国際シンポジウムに関する報告自体は、国民に知らせる意味があると感じたが、主要な新聞、テレビではほとんど報じられなかった。

いま日本では人体実験中

２０１７年以降、ＨＰＶワクチンの危険性を強調するニュースは減ったが、かといって、メリットを訴えるニュースが増えたわけではない。

ここで少しだけワクチン接種の意義にふれてみたい。

なぜなら、いま日本は、ワクチン接種をしないと、どういう事態が起きるかを調べるための人体実験を行っている真っ最中だからだ。

子宮頸がんを引き起こすＨＰＶウイルスは遺伝子の型によって１００種類以上いる。そのうち、特に子宮頸がんを起こすリスクが強いのが16型と18型の2種類である。16型のウイルスを見つけたドイツのツア・ハウゼン氏はその功績で２００８年にノーベル医学・生理学賞を受賞している。16型と18型で子宮頸がん全体の６割前後(国や年齢によって数字は異なる)を占める。この2つの型に対応したワクチンを2価ワクチンという。４つの型に対応したワクチンが4価ワクチンだ。現在、世界１００カ国以上で承認され、米国では9価のワクチンまで登場している。

日本で使われているのは、２価ワクチンのサーバリックスと4価ワクチンのガーダシルだ。

こういう事実が分かっていながら、テレビ朝日のニュースステーションの元キャスターは「いまのワクチンは、たった2種類の型にしか対応できません」とまるでワクチンの効果がないかのような口ぶりで否定的に語っていたのを思い出す。私はそれを聞いていて、唖然とした。そのキャスターは、引退後、朝日新聞の紙面で「番組では反権力を志としていた」と語っていた。まあ、反権力はよいとしても、ワクチンに反対することと反権力は全く別次元の話である。

つい話はそれてしまったが、日本では２０１３年４月から、ＨＰＶワクチンの定期接種が始まった。ところが、２カ月後の６月、国は積極的な推奨を中止してしまった。それ以降、接種は激減した。

皮肉にも、この激減が、貴重な研究データを提供した。

日本では２０１０年からワクチンの公費助成が始まり、１９９４年～99年生まれの女性たちの約7割は接種を受けた。これに対して、２０１３年６月に厚生労働省が積極的な推奨を中止した影響で、２０００年度生まれの女子から接種率が下がり、２００２年度生まれ以降は、接種率が１％以下になった。つまり、１９９４年～99年生まれの接種した女性たち（接種者は約３３８万人）と、２００２年度以降に生まれた女性たちを比べれば、子宮頸がんを引き起こすＨＰＶウイルスの感染率に差が出るはずだ。

案の定、すでに秋田、新潟、宮城、大阪府などでは、接種した１９９４年〜99年生まれの女性たちのほうが、接種していない女性たちに比べて、16型と18型のＨＰＶ感染率が低いことが上田豊・大阪大学講師らの研究調査で分かってきた。宮城では細胞検査での異常発見率でも、接種群のほうが有意に減少していた。

このまま推移すれば、おそらく、あと10年〜30年したら、２００２年度以降に生まれた未接種の女性たちは、接種した女性たちに比べて、子宮頸がんの罹患率が高くなり、死亡率が高くなることが予想される。

子宮頸がんで死亡する女性は年間約３０００人いる。子宮頸がんにかかる（罹患する）女性は年間約1万人いる。深刻なのは、子宮頸がんに罹患する女性が年々、若くなっていること、そして、20歳代〜40歳代で特に増加していることだ。年齢別の死亡者は、39歳以下で年間約２００人いる。44歳以下だと年間約４００人が死んでいる。

赤ちゃんを産むことができた女性が年間約４００人も死亡しているという事実をまず知ってほしい。この４００人の命が救うのがワクチン接種である。

この2価と4価のワクチンは、すでに豪州、アイルランド、米国など多くの国で子宮頸がんになる前の状態の「前がん病変」を減らすことが確実に分かってきた。もちろん、子宮頸がん自体を減らすかどうかは、あとしばらくの年月を待たねばならないが、すでにフィンランドでは前がん病変よりも進んだ「浸潤がん」の発症率を抑えることも判明した。

問題は、ワクチン接種によって生じる副反応（副作用）の重みをどう見るかだ。いうまでもなく子宮頸がんを救う数が副作用の件数よりも、相当に大きければ、ワクチン接種の意義は高い。重い副作用の数をどう見るかが今後の焦点になる。政府の報告書によると、重い症状（疑いも含め）は10万人あたり約52人。この52人の中にはワクチン接種と関係ない紛れ込みも含まれると推測されるが、仮に10人とした場合には、子宮頸がんで死亡する数は20代～30代だけでも200人近いことを考えると接種する意義は高いと思う。

世界の疫学データを見ると、ワクチン接種のメリットのほうが大きいが、ワクチン接種というものは、そもそもリスクがゼロではないため、血も涙もない冷徹な計算のうえでしか実施できない。副作用のリスクが少しでもあれば、そのワクチン（医薬品）を認めるべきではないという論理が正しいとなれば、どんな医薬品も世に出てこなくなる。

どんなテクノロジーにも、メリットとデメリットがあるからだ。

みんなが当たり前のように使っているスマホだって、子供たちの心身に大きな悪影響（約93万人の中高生がネットゲーム障害のほか、視力や体力の低下、学業の低下、コミュニケーションの低下、うつやスマホ依存症など）を及ぼす。それでいながら、ワクチンと違い、スマホは国による安全性の審査がない。「子供のスマホこそ、国が規制すべきだ」という小児科の医師たちは多いが、そういう声は小さい。一方、スマホが大きな社会的利益を生んでいるのも事実だ。そのときにマイナスの部分（最悪のケース）だけに目を向けて、そのテクノロジーを否定してしまうのでは、社会的な利益（ワクチンのメリットなど）は失われてしまうことも知っておく必要がある。ただしスマホの場合は、未来を担う子供たちがネット依存症になるので、子供に限れば、マイナスの方が大きいといえる。

ことワクチンに関しては、冷静な議論こそが必要だ。

なぜ新聞は市民に弱いか

東京新聞が「ニュース女子」で深く反省

ここまでＨＰＶワクチンをめぐり、私の体験を交えた報道の経過を述べてきたが、いよいよ締めくくりに入る。

ワクチン報道で感じたメディア・バイアスに関する教訓は、新聞などのメディアは市民の気持ちを忖度してニュースを作り、その市民からの抗議にとても弱いということだ。

その象徴的な出来事を目の当たりにした。

それは、2017年2月2日の朝のことだった。東京新聞（朝刊）の一面（写真1―6）を見て、目を疑った。「新聞が死んだ」と思った三度目の出来事である。

見出しは、「ニュース女子」問題深く反省だった。

どんな内容か、一部を引用してみる。

――本紙の長谷川幸洋論説副主幹が司会の東京MXテレビ「ニュース女子」1月2日放送分で、その内容が本紙のこれまでの報道姿勢および社説の主張と異なることはまず明言しておかなくてはなりません。加えて、事実に基づかない論評が含まれており、到底同意できるものでもありません。・・・他メディアで起きたことではあっても責任と反省を深く感じています。とりわけ副主幹が出演していたことについては重く受け止め、対処します。多くの叱咤の手紙を受け取りました。・・・本紙の沖縄問題に対する姿勢に変わりはありません――

「ニュース女子」問題 深く反省

本紙の長谷川幸洋論説副主幹が司会の東京MXテレビ「ニュース女子」一月二日放送分で、その内容が本紙のこれまでの報道姿勢および社説の主張と異なることはまず明言しておかなくてはなりません。

加えて、事実に基づかない論評が含まれており到底同意できるものでもありません。

残念なのは、そのことが偏見を助長して沖縄の人々の心情、立場をより深く傷つけ、また基地問題が[illegible]て伝えられ[illegible]真摯に議論する機会が失われかねないということでもあります。

説主幹・深田実が答えます

縄報道 本紙の姿勢は変わらず

す。とりわけ副主幹が出演していたことについては重く受け止め、対処します。

多くの叱咤の手紙を受け取りました。

「一月三日の論説特集で主幹は『権力に厳しく人に優しく』と言っていたのにそれはどうした」という意見がありました。

それはもちろん変わっていません。

読者の方々には心配をおかけし、おわびします。

本紙の沖縄問題に対する姿勢に変

写真 1-6　東京新聞のおわび記事

つまりは、こうだ。東京新聞の長谷川論説委員が「ニュース女子」という番組（写真1―7）で司会を務めていた。ところが、その番組が沖縄の米軍基地反対運動を正しく伝えていなかった。この番組の放送内容に対して、市民から「東京新聞の論説委員がひどい番組の司会をや

写真 1-7　ニュース女子のテレビ番組（自宅テレビで写す）

っている。これはおかしい」といった内容の抗議がたくさん来たようで、これを受けて東京新聞はおわびをして謝ったという経過だ。

よく知られているように、東京新聞は福島第一原発事故のあと、私から見ると、朝日新聞よりも左路線に舵を切り替え、反原発だけでなく、反ＴＰＰ（環太平洋パートナーシップ協定）、反子宮頸がんワクチン、反安倍、反農薬と、どんな問題でも反対を貫く報道姿勢を見せている。別にその路線自体に異議はないが、東京新聞にいるすべての記者が、社論に賛成しているわけではないはずだ。社論と異なる記事を書きたいと思っている記者だっているはずだ。

長谷川論説委員が東京新聞の報道姿勢と異なる番組の司会をやって、どこが問題なのだろうか。新聞社、そして言論の自由は、記者の自由が保障されて初めて成り立つ。記者の自由がなくなれば、その新聞社は死んだも同じだ。

市民の抗議を受けた東京新聞は、こう言うべきだった。

「わが社の記者が、他の番組で東京新聞の論調と異なる見解を述べたとしても、それはそれで尊重すべきだと考えます。記者の側にも、記者なりの意見や価値観を述べる自由があるからです。それが言論の世界です。ただし、あの番組の内容に関しては問題が多いので、新聞の記事で検証していきます」

仮に「ニュース女子」の放送で沖縄の米軍施設建設に反対する人々を中傷する内容があったとしても、その場合は、新聞でその番組の内容を検証すればよいのであって、自社の記者を責める話ではない。

この問題では、放送倫理・番組向上機構（ＢＰＯ）の放送人権委員会は、２０１８年３月８日、東京メトロポリタンテレビ（ＭＸテレビ）の放送について、人権団体「のりこえねっと」共同代表の辛淑玉さんへの人権侵害があったと認定、再発防止を勧告した。確かに番組の内容に問題はあったといえるが、たとえそうであっても、世間に向かって謝罪するような行為は新聞社の自殺行為である。

私は、長谷川記者とは面識はない。東京新聞の知人に聞くと社内での評判はあまりよくないという。仮に長谷川記者が社内的に問題だとしても、それと世間へのおわびとは関係ないはずだ。あれほど反安倍や反権力に強い姿勢を見せていた東京新聞が、市民からの抗議に対しては、あっけなく謝罪する姿を見て、私は愕然とした。

これを私の場合に置き換えると、毎日新聞の社説とは異なる記事（たとえば、牛海綿状脳症の全頭検査や放射線リスクなど）を何度も書いてきたが、それによって、上層部から何かおとがめを言われたことはない。個人で行う講演でも、社論とは異なる意見をよく述べてきたが、社からストップがかかった経験はない。そういう自由の気風があるところが毎日新聞の最大の魅力だと思って、長く記者生活を送ってきた（あいにく2018年6月末で退社することになったが・・）。

社論が偏ると記者に自由がなくなる。

原発事故のあと、左派好みの読者に評判のよい東京新聞は、左派的な論調の記事を書いて、左派的な市民層から支持を受けてきた。そのことで確かに一定の支持（購読部数）は得られ、一定の成果を収めたかもしれない。しかし、いろいろな問題ごとに見れば、記者の意見や物の見方がみな一致することはありえない。いろんな記者がいて、いろんな記事を書くのが言論の生命のはずだ。

この東京新聞の謝罪の告知記事を見て、私は「言論の防波堤となるべきはずの新聞は死んだ」と思ったが、その一方で、ジャーナリストの村中璃子さんの受賞を大きな記事で扱ったのも東京新聞だった。そのときも市民団体からたくさんの抗議がきたことはすでに述べた。

過去を振り返れば、産経新聞がＨＰＶワクチン接種で子宮頸がんの感染率が下がるという一面トップの記事（2017年6月11日付）を載せたときは、薬害オンブズパースン会議から抗議文が届き、その抗議文は厚生労働省の記者クラブの壁にしばらく張られていた。市民団体が反論を寄せて、記者たちに注意を促すこと自体に問題は全くないが、記者クラブの壁にみせしめのごとく張り付ける行為を許したところに、記者たちの弱腰の姿勢が見える。仮に右翼系の人たちから抗議文が来たら、記者たちは壁に張るだろうか。

ワクチン接種を肯定的に取り上げて書いていた読売新聞の女性記者が、市民団体から猛抗議を受け、結局退社し、いまはネット媒体「バズフィードジャパン」に移ったということも記憶に新しい。これは、市民からの抗議が記者の異動にまで波及した例である。

やっぱり新聞は市民に弱いのかな！と思ってしまう。

新聞も商品のひとつなので、売れないことにはビジネスは成り立たない。週刊誌が派手な見出しで売ろうとするのも、ビジネス上の行為だから理解はできる。市民グループは民主主義にとって欠かせない貴重な存在だけに、どういう関係を持つのがよいのか、非常に難しい問題だ。

メディア・バイアスの理論的考察

メディアの「バタフライ効果」

最後に、なぜ、ＨＰＶワクチンがかくも否定的に報道されてきたかを理論的に考えてみたい。

第一に挙げられるのは、記者たちの行動の特徴とメディアによる「少数増幅効果」だ。ＨＰＶワクチンに関するニュースの経過を見ていて、はっきりと感じたのは、ニュースの世界（新聞やテレビで知る情報の世界）と科学者の世界（学会や科学論文の世界）があまりにもかけ離れていることだ。つまり、メディアと科学者の世界は別次元の世界だと考えたほうがよい。

感染症に詳しい学者や医師の間では、圧倒的多数の人たちがＨＰＶワクチンの有効性を主張しているのに対し、新聞やテレビの世界では、その圧倒的な多数派の声が少数派に転落し、大きく報道されない。少なくとも信州大学の調査委員会が池田氏のマウス実験を断罪する（２０１６年11月）までは、ＨＰＶワクチンに関しては、ネガティブなニュースのほうが圧倒的に多かった。

なぜ、メディアと科学の世界にこのようなギャップ（乖離）が生じるのか。

図1-1　ニュースの大きさを決める方程式

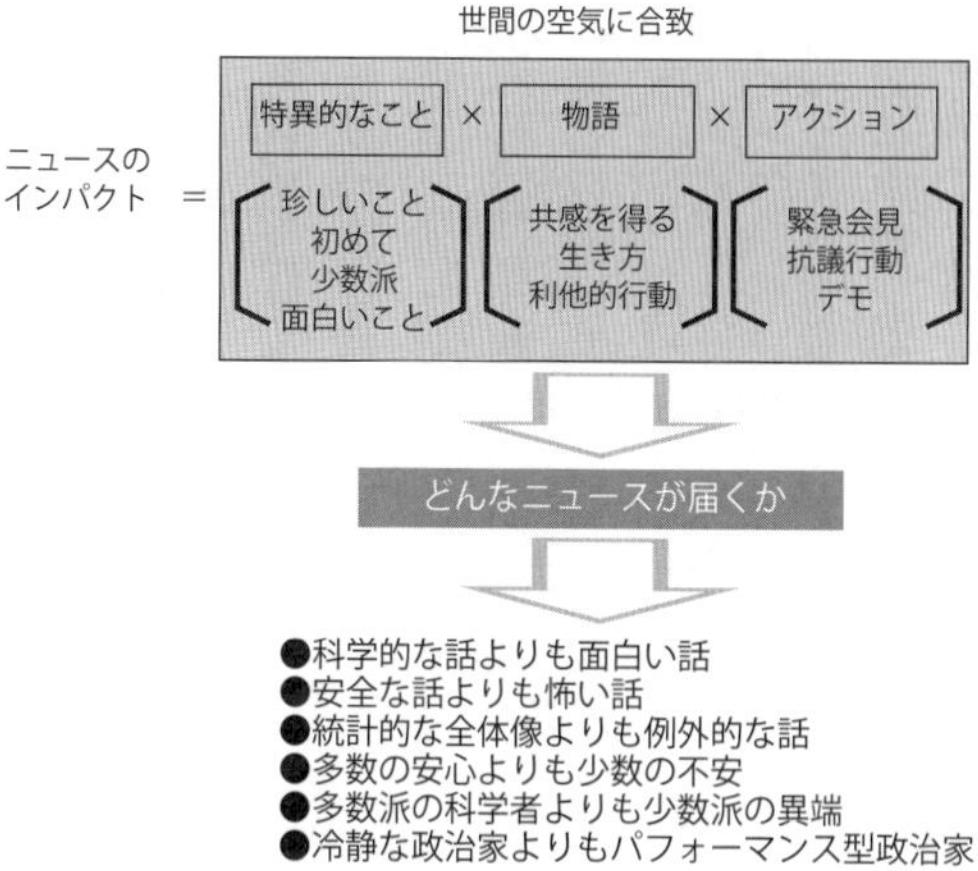

私の考えるニュースの方程式を見てほしい（図1―1参照）。ニュースはおもしろいこと、特異的なこと、過激な動き、過激な主張、少数派の抗議、弱者や被害者の叫び、権威への異議申し立て、新しい学問的な概念、市民団体の悲痛な訴えなどを重視する。これらの項目を簡単な言葉に要約して言えば、「市民の共感」を得ること、そして「弱者の声を届ける」ことだといえる。

子宮頸がんワクチンで言えば、接種後にさまざまな症状を訴えた若い女性たちの声を重視し、それを後押しした少数の学者や医師を頻繁にニュースとして取り上げた。新聞やテレビのニュースだけを見ていると、あたかもワクチン接種によって、さまざまな症状が発生し、そこに因果関係があるかのように思わせるニュースが圧倒的に多かった。

　圧倒的多数の学者や医師が、ＨＰＶワクチン接種は子宮頸がんの感染を予防し、やがては子宮頸がんの死亡率を減らすと考えているにもかかわらず、またワクチン接種とさまざまな症状（副反応の疑い報告）に因果関係はない（仮にあってもごくわずか）と主張しているにもかかわらず、そうした科学者集団の多数意見はあまり報道されなかった。

図 1-2　メディアの少数増幅効果による逆転現象

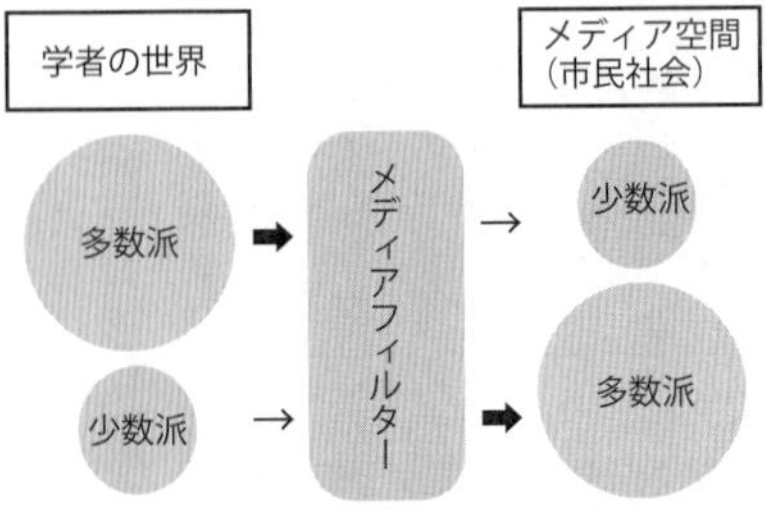

[解説] 学者の世界では少数や異端派でもメディアのフィルターを通過すると、市民社会では多数派となり、市民の選択に大きな影響力を発揮する。

　メディアが注目するのはワクチンの有効性ではなかった。科学者の多数の声でもなかった。メディアが注目したのは、ニュース性のある少数派の動きであった。

　その結果、科学の世界（学会や科学論文の世界）では少数派とされる人たちが、ニュースの世界では多数派を占めるという逆転現象が起きる。この逆転現象を引き起こすのが、メディアの「少数増幅効果」である（図2）。

　カオス理論や力学系の概念に「バタフライ効果」という考えがあるのを知っている人もいるだろう。それと似たような現象がメディアの世界で現実に起きるのだ。バタフライ効果のたとえとして、よく「ブラジルで一匹の蝶が羽ばたくと、それがアメリカで竜巻やハリケーンを引き起こす」という言い方がされる。初期のわずかな変化が複雑な系を通じて、大きな現象を生み出すというたとえである。

そんなことはありえないと思うだろうが、メディアは珍しい人、例外的な存在、異端的な行動にまず注目する習性がある。そうすると、例外的な出来事でも、いろいろなメディアが次々に追いかけることで、その例外的な出来事や人々の動きがメディアの世界では一躍有名になり、一般的な現象となって立ち現れるのである。いったんその例外的な出来事が大きな社会現象になると、もはやだれにも止められず、メディアの注目度が低くなるまで、その出来事のイメージは生き残る。

図 1-3 「メディアのカーテン効果」

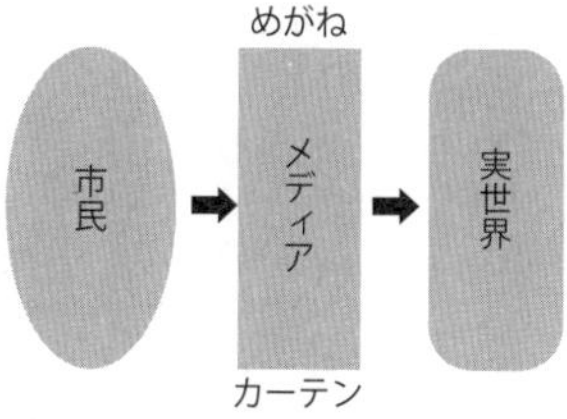

［解説］どんな人も「メディア」というカーテンかめがねを通してしか世の中を見ることはできない。メディアが歪んでいれば、世の中の見方も歪む。

いまの市民社会は、どんな市民もメディアから流れてくる情報を通して、あらゆることを判断する（図3）。その世界では、メディアの情報がゆがんでいれば、市民の判断もゆがむ。

いまの市民にとって、現実の世界とはメディアが発信する情報の世界である。その情報の世界はメディアが作り上げた架空の世界かもしれないが、その架空性を知る手段もまたメディアを通じてしか知りえない。

だからこそ、いろいろな出来事を多面的に報じるメディアが必要なのだが、残念ながらどのメディアもバタフライ効果に勝てなかった。むしろ加担して、増幅を高めた。

一般の市民が多数の科学者のいる学会に出かけていって、専門家の話を直に聞くことはまずない。科学者の世界から見れば、「なぜ新聞のようなメディアは、少数の人たちのネガティブな言い分ばかりを報道して、架空の世界を作り上げるのだろうか」と疑問に思ったに違いない。

そこから、新聞などメディアへの不信が生まれる。

一方、市民側から見れば、メディアが届ける情報こそが現実の世界であり、接種するかどうかの判断材料はメディアが運んでくる。TBSの「NEWS23」が大きなゆがんだ情報(バイアス情報)を流せば、市民にとっては、それが本物の世界だと映る。それを見ていた全国の市民がワクチン接種をやめたとしても少しもおかしくない。

こうして、専門家の世界とメディア世界のギャップが生まれてゆく。信州大学の池田氏が脚光を浴びたのはメディアの世界だけである。専門家の世界だけに限れば、池田氏の影響力はほとんどなかった。ワクチン接種によって多彩な脳神経症状(ハンス症候群)が起きると提唱した西岡久寿樹氏の主張も、学者の世界ではほとんど注目されなかった。ところが、新聞やテレビ（すべてではないにせよ）では一時、時代の寵児のように扱われた。

こういう二つの世界が並存するような鏡像の世界が生まれるのは、メディアの少数増幅効果のなせるわざである。そういう意味では、メディアの世界は決して現実を正確に反映した世界ではなく、一種の虚像である。にもかかわらず、メディア情報に囲まれ、メディア情報の空気だけを吸って生きているいまの市民にとっては、メディア情報が現実の世界に見えるのだろう。

私のようなメディアの世界に住む者にとってさえ、ＨＰＶワクチン接種と子宮頸がんに関する正確な情報を届けたいと思っていても、その実像を伝えるルートをもっていないことにも気づく。新聞の記事は一人では作れないからだ。

だからこそ、こういう本を書くのだ。

「メディア情報をそのまま信じてはいけません」というのではない。メディア情報を読むには、それなりの教育（メディア・リテラシー）と技術、そして労力が必要なのだ。

「S字型カーブ」と「トリックスター」

メディアによる「情報のバタフライ効果」と似ている、もうひとつ重要な現象がある。「Ｓ字型カーブ曲線」である。

図 1-4　メディア情報のＳ字型カーブ曲線

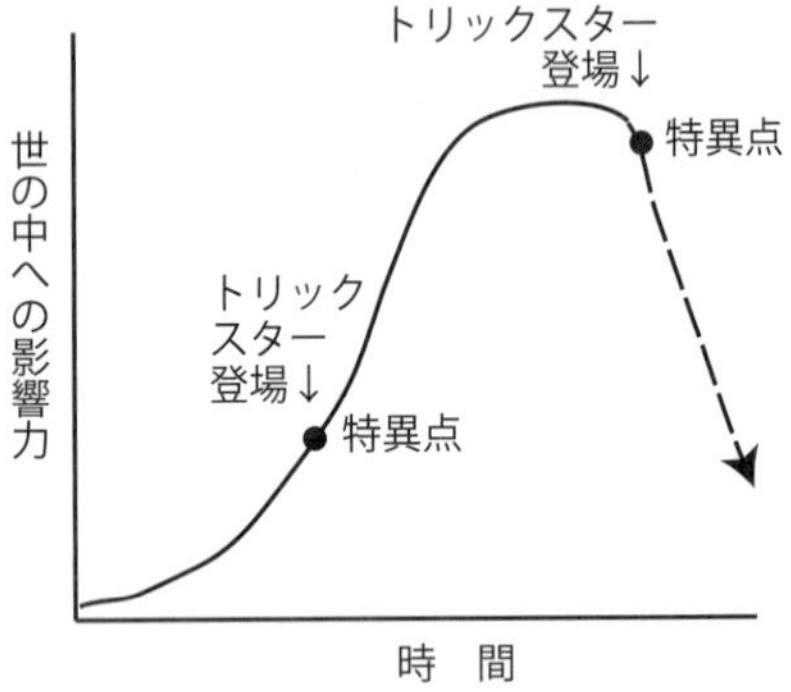

［解説］メディアが作り出す世の中の現象はＳ字型カーブを描く。ある特異な人物や出来事をメディアが、次々に追いかけることで世の中の関心は一気に過熱し、飽和状態となるが、そこへまた別の特異な人物（トリックスター）が現れ、加熱ブームを反転させる。

テクノロジーの発展の推移を見るときに、よく使われる概念として「Ｓ字型カーブ曲線」がある。技術の進歩は最初のうちは徐々に進むが、やがて急激な発展をたどり、ついには成熟を迎えて、横ばいとなる（図１―４）。

ＨＰＶワクチンをめぐる報道のような事件の推移も、実は同じような現象をたどる。どこかのメディアがまず記事にすると、徐々に追いかけるメディアが増え、一気に世論が盛り上がり、やがて世論の関心を失ってゆく。

私がこういう事件の推移で注目しているのは、急激な盛り上がりを作り出す要因は何かである。そして、その急激な盛り上がりを反転させる要因は何か、ということである。

メディアで話題となった過去のさまざまな現象を見ると、たいていの場合、ある特定の人物が主役を果たす。私は、この急激なカーブを作り出す人を「トリックスター」と呼ぶ。ウイキペディアによると、トリックスターは神話や物語の中で神や自然界の秩序を破り、物語を展開する者という説明がある。ニュースの世界で記者たちをあっといわせる人物といえよう。記者たちが追いかける人物である。

トリックスターは、たった1人でも世の中を動かす。ことができる世の中を動かす力は、人数の多寡ではない。メディアの後押しがあれば、たった1人でも政府と戦うことはできる。S字型カーブで言えば、トリックスターが登場することで、急激な上昇カーブが起きる。そして、いつかまた別のトリックスターが登場して、上昇カーブを反転させる。そういう状況が急展開する特異点にトリックスターが出てきて、大きな役割を果たすわけだ。

あらゆる現象の特異点を作り出すのは、メディアと特異な人物である。

電通に勤めていた1人の女性の自殺でメディアが一気に加熱し、政府による働き方改革が急激に進んだように、トリックスターの影響力は大きい。

これと同じように、ワクチンをめぐるメディア世界では、信州大学の池田氏（西岡氏らも含む）と医師でジャーナリストの村中璃子さんがトリックスターの役を果たした。池田氏はワクチンは危ないという加熱した世論を一気につくり出したが、それを一気に冷やす役割を果したのが、村中さんだったのである。村中さんの記事のあと、池田氏の実験があやしいものだったと記者たちが察知し、危ないニュースは一気に減っていった。

図1-5　世の中を動かす方程式

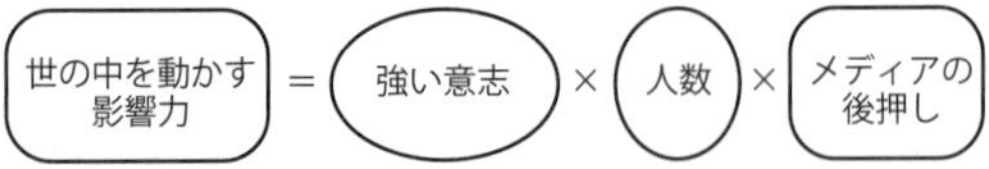

[解説]世の中を動かす力は3つの要素から成る。ある人や団体の強い意志（目的）、人数の多さ、メディアの後押し（注目度）の3要素。いくら強い意志と人数が多くても、メディアの支援がないと世の中を動かすことは難しい。逆にたった一人でも、全メディアが味方につけば、政府と戦えるほどの力を行使できる。

世の中を動かす方程式

では、世の中を動かす力はどこから生まれるのだろうか。

私の考える「世の中を動かす方程式」を披露しよう。エンジンとなる部分は、世の中を変えたいという「意志」、そして、その意志を抱く「人数」、そして「メディアの注目度（後押し度）」の3つだ（図1-5）。この3つの要因のうちで一番大きな力をもっているのは、メディアの注目度である。

この方程式の特徴は、いくら人数が多くても、メディアが全く無視すれば、世の中や政府を動かすことはできない。逆に人数は少なくても、メディアが連日のように報道すれば、世論は加熱し、政府は動かざるを得なくなる。

つまり、世の中を動かしたいと思えば、必ずしも多数の人数はいらない。メディアがサポートしてくれれば、1人でも戦える。ニュースになるような世論に合った明確な意志と本人の熱い物語があれば、政府と戦える。

逆に全メディアが黙殺すれば、どんなに有名な人でも世間と戦えない。その象徴的な例が2018年12月、スウェーデンで起きた。ノーベル生理学・医学賞を受賞した本庶佑氏が12月8日午後（現地時間）、ストックホルム市内のホテルで行った記者会見でNHKの記者の質問に対して「子宮頸がんワクチンの副作用は証明されていない。（アフリカの）ルワンダでもワクチン接種で子宮頸がんが減っている。世界では日本だけで若い女性の子宮頸がんの罹患率が増えている。マスコミは一部の人たちの根拠のない主張ばかりを報道してきた」などと熱く語った。

いま日本で関心の高い子宮頸がんワクチン接種の世界的な遅れをノーベル賞受賞者が激白したのだから、どう見てもビッグニュースのはずだ。ところが、日本の新聞・テレビは全く報じなかった。NHKも報じなかった。これが日本のマスコミの悲しい現実である。

私がこの事実を知ったのは、恥ずかしながら知人を通じてだった。なんとあのジャーナリストの村中璃子さんが医療情報専門サイト「m3.com」で本庶氏の会見の模様を伝えていたのだ。本当に残念なことだが、医療・健康情報では新聞記者や新聞よりも村中璃子さんやウェブサイト「m3.com」のほうがよほど頼りになる。日本の新聞メディアはなぜ、こんな重要なことを報じないのか。おそらく自分たちの過去の報道が偏っていたことを認めたくないのだろう。このマスコミの及び腰の姿勢にも、市民団体への忖度が見て取れる。

遺伝子組み換え食品への風当たりがいまも強いのは、大勢の消費者が反対のデモを行うからではない。そもそもプラカードをもって、「組み換え食品を追放しよう」などと訴える消費者はほとんどいない。反対運動の核となるのは、わずか数十人のメンバーである。それでも世の中に隠然たる大きな影響力を及ぼすのは、何かあれば、その反対の市民グループにメディアが注目するからだ。

最近は以前に比べると組み換え食品を危険視するメディアの報道件数は少なくなった。しかし、かつてのネガティブな記憶はいまもメディアの中に潜在的に存在する。いまも反対派への遠慮（無意識の遠慮）からか、「組み換え作物はこんなにメリットがあります」みたいな記事やテレビのニュースはまず出てこない。そんな記事を書くのは私くらいだった。

こういうところにも、メディア側の市民への〝忖度〟が効いているといえる。そういう意味では、ワクチンにせよ、組み換え作物にせよ、照射食品にせよ、反対する市民派の監視の威力は目には見えないものの、メディアへ隠然たる影響力をいまも与えている。

私（筆者）は１９９０年代から、世の中を騒がせた問題をずっと追いかけてきた。合成洗剤とせっけんの論争に始まり、ダイオキシンをはじめとする環境ホルモン（内分泌攪乱化学物質）問題、遺伝子組み換え作物の論争、牛海綿状脳症（ＢＳＥ）、放射線を使った照射食品などの問題を取材して記事にしてきたが、子宮頸がんワクチンに見られるような「市民団体への気兼ね、忖度、遠慮」といった言葉で表せるような空気が常に存在していた。

市民からの抗議を気にするのである。

私は当初、環境ホルモン問題や遺伝子組み換え作物の問題では、主に市民グループの側に立って、記事を発信していた。そのころは、市民への気兼ねは認識できなかった。そもそも市民グループと似た考えや価値観をもって取材していたため、市民からの反発はなく、むしろ記事を書くと応援の声が多かったのを思い出す。

ところが、組み換え作物に大きなメリット（農薬の使用削減など）があるなどと書くようになった途端、今度は仲良くしていた市民（一般読者も含む）から抗議が来るようになった。取材拒否にあったこともある。

だからといって、組み換え作物に関する科学的な事実を伝えることにひるむことはなかったが、社内で原稿を出すときに、原稿に目を通すデスク（民間会社で言えば、課長クラスの記者）は「反対派の意見も記事に入れないとバランスがとれないのでは」という自主規制のような意見をしばしば言っていたのを思い出す。

これは、「組み換え作物は危ない」という記事はそれ自体ですぐにパスしたのに、安全だという記事はなかなか通らなかったということだ。

やはり、新聞やテレビは反対派を気にする習性を遺伝子として持っているのだろう。新聞を買って読むことで、新聞の経営、ひいては新聞の言論を支えているのは、紛れもなく市民だからだ。言論の自由は、法律によって保障されているわけではなく、市民の購読によって支えられているというのが実感だ。

最後に、「共感」にふれておきたい。

メディアは「弱者」を救いたいという「共感」によって動く。福祉や経済的な貧困問題ではこれがプラスに作用するが、科学の世界では逆に作用するところが怖い。

「反共感論　社会はいかに判断を誤るか」（ポール・ブルーム著）を読んでいて、その共感に落とし穴があるのではと思った。

この本の中に次のようなくだりがある。

「・・ワクチン接種のせいでかわいらしい少女が重病にかかったとしよう。その苦しむところを目の当たりにし、あなたは共感を覚え、行動したくなるだろう。だが、ワクチン接種プログラムを中止すれば、数十人の任意の子供が死ぬとする。この場合、あなたはそれらの子供に共感を覚えることはないだろう。統計的な数値に共感することなどできないから・・」

（筆者で一部要約）

これはまさに日本国内で起きたことだ。メディアが一部の学者や被害者に共感したことから、ワクチン接種はほぼゼロになった。その裏で子宮頸がんで亡くなってゆく女性がたくさんいるはずだが、統計数字で年間３０００人が死んでいますと言われても、メディアは共感しない。亡くなっていく女性はこの世にいないので、メディアに訴えることもできない。

記者が共感で動くときは、同時に冷静さも必要のようだ。

◎ワクチン報道に見るバイアス要因
①メディアは「共感」で動く。
②メディアは少数派や弱者に注目する。
③メディアは科学者よりも市民の声を重視する。
④メディアは科学者の権威を否定することを「反権力」だと勘違いする。
⑤メディアは統計的な数字よりも、例外的な珍しいことに注目する。
⑥メディアは過去の間違った報道をなかなか修正しない。
⑦メディアは初期情報にひきずられてニュースをつくっていく。
⑧メディア（特にテレビ）は、報道への責任感が乏しく、訂正をなかなか出さない。
⑨それぞれのメディア内で記者の自由度がだんだんと無くなっている。
⑩圧倒的多数の科学者と一部異端派の考えを両論併記で記事にする。

第二章　遺伝子組み換え作物報道はなぜいつも偏るのか

組み換え作物のトンデモ報道

記者の「無知」がバイアス原因か

遺伝子組み換え（GM）作物に関する誤解は、なぜ、いつまでたっても、なくならないのか。1996年に米国で初めて栽培されて以来、「農薬の使用量の削減」などたくさんのメリットがすでに科学的な証拠としてそろっている。なのに、悪いイメージが依然として根強い背景には何があるのだろうか。

その疑問について、私なりにたどりついた結論は、記者の“勉強不足”だ。悪く言えば、無知だ。無知といっても、バカという意味ではない。その分野に疎いという意味だ。

ワクチン接種にせよ、食品添加物にせよ、何かを市民に正しく伝えるためには、メディアにいる記者（新聞、テレビ、雑誌、ネットなど）が現実の状況や詳しい科学的知識をもっている必要がある。

これは考えてみれば、あたり前の話である。

日本の子どもたちがちゃんと小さいうちから日本語をしゃべられるのは、親が正しい日本語を知っていて教えるからに他ならない。主導権をもつのは、教える（伝える）側である。

これと同じように、いろいろなリスク情報に関しても、記者が間違った情報（非科学的な情報）を信じていれば、科学的な情報が読者（視聴者）に伝わるはずはない。

この物差しでGM作物に関するニュースを判定した場合、明らかに日本のメディアの記者たちはGM作物に関する知識に乏しい。いや相当に無知と言ってよいだろう。

ある民放テレビのディレクターと話をしたときのことをいまも鮮明に覚えている。そのディレクターは「組み換え作物が米国やカナダなどから日本に大量に輸入されていること」すら知らなかった

無理もない。スーパーなどの売り場で加工食品を見ても、「この食品は組み換え原料を使いました」という表示は全く見かけない。目に付くのは「組み換えではない」という表示ばかりだ。「組み換えではない」という表示しか見当たらないのは、表示のカラクリがあるからだ。

カラクリはこうだ。

日本は、米国などから大量の組み換え原料（大豆やトウモロコシ、ナタネなど）を輸入しているが、それらは法的に「組み換えです」と表示する必要のない食用油や家畜のえさ、清涼飲料の甘味料に使われている。つまり、日本では、大量に輸入された組み換え原料は、表示義務のない食用油や家畜のえさなどに使われるのだ。スーパーの売り棚の食品に表示がな

いため、その使われた形跡が目に見えないのは当然だ。

一方、法的に表示義務のある豆腐や納豆などの原料については、事業者はあえて価格の高い、組み換えでない（ノンGMOとか非組み換え原料とも言う）原料を輸入して使い、「組み換えでない」と表示して販売している。

店でいくら探しても、組み換え原料を使った食品が見当たらないわけである。

そういう表示の裏事情があるにしても、テレビ局で番組作りの主力となる報道記者でさえ、ごく基本的なことを知っていなかったのはショックだった。

日本国内には約1万9300人の記者（2017年、日本新聞協会）がいるが、海外の組み換え作物の現場を見たことのある記者は多くて10～20人であろう。

論説委員も疎かった

数年前、驚くべき体験をした。

有機農業を礼賛し、組み換え作物を否定する内容のフランス映画を批評した四国の地方紙に載っていた記事のことだ。その地方紙の論説委員は「組み換え作物の遺伝子が人の体に入ると、そのたんぱく質は蓄積されて、孫の代まで影響する」という記事を大まじめに書いていた。それを見つけた私はメールで疑問点を問い合わせた。しばらく返事はなかった。やむなく電話をかけてみた。そして、「なぜ、体内で蓄積すると考えるのか」と尋ねた。その論説委員は言った。

「映画監督がそう言ったから、そのまま書いただけだ。あなた（私のこと）と論争するつもりはない」。

根拠は取材相手にあり、自分は関係ないという態度に全くあきれてしまった。

普通なら、訂正記事を載せねばならないくらいの内容だ。「自分（その論説委員）は相手の言い分を載せただけで、責任はない」とでも言いたいのだろうか。

食品中に含まれるたんぱく質は、その由来がどの遺伝子であれ、体内で代謝・分解され、蓄積することはない（アルツハイマー病の患者の脳内に見られるように、蓄積する特殊なたんぱく質もあるが、これは例外的な現象）。そもそも、たんぱく質が体内でどんどん蓄積していったら、栄養分が吸収されなくなり、すぐに病気になる。孫の代まで影響するとしたら、いったいどうやって影響するのか。たんぱく質が体内で利用されずに蓄積していけば、免疫にかかわる抗体や酵素さえも作れなくなり、子孫を残すことすら難しくなる。

ちょっと考えれば、おかしいと思われることを、この論説委員は「映画監督がそう言ったから」という理由だけで書いていた。政治家の言説なら、どんな記者も「政治家の発言は本当なのか！」と疑ってかかるだろうが、組み換え作物のような問題だと何の疑問もなく、映画監督の言うことを信じてしまう記者が、論説委員クラスにも存在するということだ。

取材相手の言ったことを、何ら検証することなく、そのまま信じて書く記事を「オウム返し記事」と名付けたい。その記者は「オウム返し記者」である。

論説委員クラスの記者でさえ、こと組み換え作物の話になると、オウム返し記者になってしまう現実がある。

トンデモ映画にひっかかったのは、無垢の市民ではなく、ベテランの記者だったのに驚く。こういう例は探せば切りがないほど多い。すぐあとに出てくる神戸新聞の記者も、オウム返し記者である。これが、リスク情報を的確に伝えるべき任務をもつ記者たちの現状である。記者がこの状態ならば、組み換え作物のことをよく知らない市民が、組み換え作物のありもしない話を紹介したトンデモ映画やトンデモ情報にだまされてしまうのは致し方ない。

市民に科学的な情報を伝達する任務をもつ記者やジャーナリストが勉強不足であれば、市民が情報不足に置かれても少しもおかしくないからだ。

神戸新聞のトンデモ記事

では、特急クラスのトンデモ記事を紹介しよう。

神戸新聞（２０１８年2月6日）。組み換え作物に関するトンデモ映画のひとつとも言える米国の映画「遺伝子組み換えルーレット」を紹介しながら、組み換え作物を食べると自閉症、糖尿病、腸の自己免疫疾患、アレルギー、がん、不妊などになるかのような内容を伝えた記事である。この映画を「科学的だ」と評するサイエンティスト（左派的な社会科学者や哲学者ならいるだろうが）はおそらく日本にはいないだろうと思う。でも、この記者は「科学的だ」と書いた。

記事自体は、組み換え作物に反対するコープ自然派事業連合（神戸市）が主催する映画会を紹介する形だが、反対派の主張をそのまま１００％鵜呑みにしたプロパガンダ（特定の思想や行動へ誘導する意図を持った活動）に近い記事だった。

「遺伝子組み換えルーレット」を製作したのは市民活動家のジェフリー・スミス氏だ。科学者ではない。米国では彼を科学者だと思っている人はいないであろう。映画では、組み換え飼料を食べた家畜がバタバタ死んだり、赤い発疹が全身に生じる人を見せたり、恐怖を扇動する内容だ。

神戸新聞の記者（記事の最後に辻本一好との署名があった）は、この映画を「ＧＭＯ（組み換え作物のこと）による健康被害の問題を科学的に浮かび上がらせた映画」と形容した。そして、反対派の意見として、「米国で増大する腸の疾患、神経症、自閉症、認知症などとの関連をめぐる研究を紹介し、精子の減少など生殖への影響にも懸念を示した」と書いた。

記事を読む限り、この記者は、反対派の言い分に何の疑いも抱かず、相手の主張をそっくりそのままオウム返しに伝えている。おそらく、この記者はコープの人たちの価値観やイデオロギーに共鳴しているのだろう。

心理学用語に「確証バイアス」がある。自分の思い込みや価値観、思想に合った意見や論文だけに関心が向かい、自分が見たいものしか見えないというバイアスのことだ。この記者は確証バイアスの典型的な例である。

一歩譲って、自然大好き派の人たちの思想に共鳴するのはよいとしても、通常なら、どんな記者でも、この種の科学性にかかわる問題であれば、国や公的機関の見解を載せたり、多数派の科学者の見方を紹介したりするものだ。それが全くない。ネットで検索すると、この記者は過去に何度も同様の記事を書いている。きっとこの記者は生協の人たちから「良い記事を書いてくれてありがとう」と感謝されていることだろう。

自戒を込めていえば、私にも、組み換え作物の報道で過去に同じような苦い経験があるから、記者と市民団体の心情的な距離感はよく分かる。

とはいえ、いくらなんでも、自閉症と組み換え作物の関連をにおわす記事を書くことに対して、大半の新聞記者はためらいを感じるはずだ。なぜなら、組み換え作物が普及し始めたのは1996年からだが、それ以前にも、自閉症や認知症、がん、腸の自己免疫疾患などはあったからだ。どこの国の公的機関も、また世界中の多数の科学者たちも、組み換え作物とそうした疾患の関連性を認めていない。因果関係がないからこそ、組み換え作物の導入に慎重な西欧でさえも組み換え作物の流通を認めている。

オウム返し記事の巧妙な手法

では、この神戸新聞の記事は、最近、はやっている「フェイクニュース」（虚偽のニュース）なのだろうか。

確かにトンデモ記事だが、記事を読めばわかるように、この記事自体がウソだというわけではない。この記事は、生協の人たちの言い分を全面的にそのままコピーしただけの内容だ。ウソが書いてあるわけではない。生協の人たちがそう言ったから、そのように書いただけの「オウム返し記事」だからだ。

この手法は、反原発でもよく見られる。原発の建設や再稼働に反対する記事を書きたいが、自分の言葉で書くのはちょっと荷が重いので、原発に反対する学者やタレントを引っぱり出して、語らせる。それなら、あとで何かしら批判が来ても、そう言ったのは学者やタレントであり、私（記者）ではないと逃げ道が用意される。

タレントを使って、自分（記者）の意図を伝える。これが第三者に言わせて、中立性を装う誘導記事だ。

仮に神戸新聞の記者が、生協の集会とは関係なく、「組み換え作物を食べると自閉症になる」と地の文で書いたら、どういうことが起きるか。むろん、間違いなく「科学的な根拠はあるのか。いい加減なことを書くな」という抗議が少なからず来るだろう。しかし、生協の人たちの言い分を丸飲みする形で書けば、「相手の言い分を載せただけです」といくらでも反論できる。市民の意見を載せて、どこが悪いのですかと開き直ることもできるだろう。

しかし、ここで私が思い起こすのは、左派系リベラルな学者や市民たちが記者たちに向かってよく諭す次のような言葉である。

「記者というものは、相手の言うことをそのまま垂れ流すだけでは、記者として失格です。記者は政府の発表をうのみにしてはいけません。批判的な目をもって検証し、独自の視点で記事を書くべきです」。

確かにその通りだ。記者は、どんなことにも疑いの目をもって、検証記事を書くべきだと私も思う。ならば、生協の人たちが主張することにも、記者は批判的な目をもって接する必要があるはずだが、そういうオウム返し記者を批判する声はあまり聞かない。「生協の人たちがこんな非科学的なことを言っています」と批判した記事も見たことがない。

政府は信用できないが、左派的なリベラルに属する生協の人たちの言うことなら信用できるということなのだろうか？

神戸新聞の記者は、市民団体の主張に対して、まったく批判精神を発揮していない。1ミリも疑っていない。検証能力を発揮しないどころか、ヨイショして持ち上げ、あたかも組み換え作物が自閉症の原因かのようなニュースをたれ流す。

ここで分かるのは、1章でも書いたように、記者たちは、政府には厳しくても、市民団体には甘いということだ。裁判の陪審員制度がそうであるように、いまの社会の主役は、選挙権をもった市民である。最終的な判断を示す権限をもつのは市民であり、科学者ではない。陪審員の市民が間違った判断をしても許されるのがいまの市民社会だ。科学者がおかしなことを言えば、世間から断罪されるが、市民は間違いを犯しても、だれからも責められない。

最近になって、そのニュースが本当に正確かどうか、事実かどうかをチェックする「ファクトチェック」活動が盛んになってきた。こういう市民団体の言い分をそのまま載せたニュースをどう検証するか、今後の大きな課題だろう。

自閉症の原因はダイオキシン？

話は「遺伝子組み換えルーレット」というトンデモ映画にもどる。それにしても不思議なのは、市民団体や一部の記者たちは、なぜ、こんなトンデモ情報に共鳴してしまうのだろうか。過去を振り返ると、この種の心理的な共鳴現象には既視感があった。

私がこの種の問題で記事を書き始めたのは約30年前の１９９０年代からだ。自閉症の原因をめぐっては、いろいろなことが言われてきた。

いつの世も、過去にはあまりなかった珍しい疾患（自閉症やクローン病など）が出てくると、文明に批判的な進歩的な市民派は、何か原因探しを始める。市民派はテクノロジーの発達によって生じる産業社会の産物やその風潮に反対する傾向が強いので、物質文明に結びつく悪者、たとえば、環境ホルモン（内分泌かく乱化学物質のこと）が大きな話題になると、ダイオキシンなどの化学物質が自閉症や精子の減少の原因だと主張する。実際に１９９０年代はそういう言説があった。

一方、ワクチンに不信の念を抱く人たちは、ワクチン接種が自閉症の原因だと主張する。実際に西欧ではいまでも、このことを信じている人たちがいる。自閉症の原因は三種混合ワクチン接種だと主張し、一時影響力をもったのは英国のアンドリュー・ウェイクフィールド博士だが、あとで論文は捏造だと分かり、英国では医師免許を剥奪（はくだつ）された経緯がある。しかし、それでも、そういう事実を知らない人も多く、危険なイメージは今も残る。

また、電磁波に関心のある市民派は、電磁波が各種疾患にかかわっているのではと疑う。農薬の嫌いな市民派は農薬（特にミツバチの死にかかわるネオニコチノイド系農薬）が自閉症やがんの原因ではと主張する。人工甘味料や合成着色料を敵視する人たちは、合成着色料が発達障害に関係しているのではと疑う。

合成化学物質や遺伝子組み換え作物、ワクチンなど現代のテクノロジーを苦々しく見る人たちはいつの世も、一定数いる。その人たちは自分たちに都合のよい研究（ワクチン接種が自閉症の原因みたいな論文がよい例）が出ると、それにとびつき、「自閉症の原因はワクチンだ、いや組み換え作物だ、いやダイオキシンだ」と主張する傾向があった。「あった」と書くのは、過去30年間の取材で、そういう言説を直に見てきたからだ。

いつの世も、悪役は食品添加物、農薬、放射線（食品に放射線を当てて殺菌する照射食品など）、組み換え作物、ワクチン、電磁波、ダイオキシンなどの環境ホルモンであった。時代によって、悪役は交代するが、顔触れはいつも同じである。

私自身、環境ホルモンが脚光を浴びたとき（１９９０年代）は、熱心に記事を書いていたせいもあって、もしかしたらダイオキシンなどが精子の減少や自閉症の増加にかかわっているのではと思っていたくらいだから、その歴史的な心情の流れがよくわかる。そういえば、あのころ、最近の子供がキレやすいのはダイオキシンのせいでは、とまじめに論じていた評論家もいた。

悪役は時代ごとに流行があるようだ。

もちろん、こういう市民運動は、科学者が気づかないところに光を当てる鋭い感性があり、必要不可欠な存在である。子供の貧困問題や格差の是正、福祉の充実など市民の思いを届けてくれる貴重な運動体でもある。私も市民団体（メディアのチェック活動など）の一員として活動している。だから、市民運動自体に全く異論はないし、もっと頑張ってほしいと思う。

私が気になるのは、神戸新聞の記者のように、市民運動なら正しいとばかりに、何の疑問も持たずに記事を書く不勉強な姿勢である。もちろん、かつての私も一時期、そういう記者だったので、自戒の念を込めて言っているのだが、記者に必要なのはやはり科学的な目をもって取材する心構えである。

自閉症に関して言えば、ちょっと科学的常識を働かせれば、自閉症が食べ物によって起こるとか、食べ物を変えたら、簡単に治ってしまうとか、およそありえないことを主張する人たちの考えを鵜呑みにすることはないはずだが、現実には、「遺伝子組み換えルーレット」のような映画を科学的だと思っている記者が少数ながら厳然として存在する。

といっても、毎日新聞や朝日新聞、読売新聞、産経新聞など主要6紙が「遺伝子組み換えルーレット」の中身を好意的に取り上げる記事を書いたという形跡はない（私の知る限り）。いくらなんでも、ひどい内容だとわかるからだ。

そういう意味では神戸新聞のような記者は特殊な例かもしれない。それでも気になるのは、神戸新聞があの記事を載せたという事実だ。新聞は一人でつくるものではない。私が原稿を書いても、原稿を直すデスクなど複数の目のチェックが入る。だれかが読んで「これは科学的に正しいのか」と疑念をもてば、別の科学者の意見を載せるなどバランス感覚が働くはずである。

つまり、あの記事が神戸新聞に載ったということは、あの映画をたたえる記事の内容のおかしさに誰一人気づかなかったということであり、複数のベテラン記者たちがゴーサインを出したということだ。書いた記者が論説委員クラスなら、ほぼノーチェックだった可能性もあるが、それはそれで神戸新聞にはチェック機能がないのかと疑ってしまう。トンデモ記事が何度も載った事実を見ると、私から見れば、神戸新聞の記者たちの勉強不足が際立っていたということになる。

極端な偏りが特徴の東京新聞

組み換え作物をめぐる記事では、似たような偏った記事は共同通信社の配信記事（主に地方紙に配信される）や東京新聞でもよく見かける。

２０１８年7月8日付けの東京新聞の記事もひどかった。

組み換え食品に関する現在の表示制度では、５％以下の混入なら、組み換え原料が含まれていても、「組み換えではない」と表示できる。４％も混じっていて、「組み換えではない」との表示は、どうみても消費者を誤認させるものだ。このため、消費者庁は「組み換えでない」の要件を厳しくし、「組み換えでない」と表示するからには「不検出」に限るという、ごく当たり前の方針を示した。

これにいちゃもんをつけたのが東京新聞の記事だった。例によって、多様な学者や市民団体がいる中で極端な位置にいる東京大学の学者（農業経済学者）と反対運動のリーダーだけを登場させ、「消費者庁の報告書はＧＭ（※遺伝子組み換えのこと）食品を安全とし、『遺伝子組み換えでない』表示をやめさせたい米国の要求を受け入れている。・・・」と書いていた。

過去の記事（福島の原発事故以降）を見ると、東京新聞の記者たちはたいてい組み換え食品は安全ではないという立場で書いている。いまどき「食べて危険」や「安全ではない」と明言する科学者（経済学者や哲学者は別）はほぼいないと思っているが、東京新聞の記者たちは危ないと考えているようだ。圧倒的多数の科学者の見解に反した考えを読者に伝えることは、とても勇気がいるが、そういう意味では東京新聞はすばらしく立派である。

さらに東京新聞に注文をつければ、食べて危ないという証拠データを示して、国や科学界に堂々と論争を挑んでくれるならば、それなりに筋が通っていて、言論機関として称賛したいが、そういう骨の折れることは全くしない。ただ単にごく一部の学者や市民の意見を載せるだけで終わっている。

また、表示の見直しに関しても、確たる証拠を示さずに、米国からの要求や圧力で始まったかのように書く。そもそも米国は組み換え食品の表示に関しては、まだ詳細は決まっていないものの、法律を作って消費者に開示する方針を示している。情報開示の点では米国のほうが進んでいるのだ。そういう事情を記者は知らないのだろうか。

今回の表示制度の改正は、制度として、以前から決まっていたことで、米国からの要求とは一切関係ない。そもそも日本の表示制度のせいで米国からの組み換え作物の輸入が滞ったり、減少したりしているかというと、そんな事実は全くない。実にスムーズに輸入されている。カナダも組み換えナタネを大量に日本へ輸出しているが、日本の表示制度が障害になっているという事実はなく、滞りなく日本へ入ってきている。

今度の表示変更は、元の組み換えＤＮＡが混じっている可能性があるのに、「組み換えではない」という表示は問題だという消費者の誤認を防ぐために、おかしな表示を改善しようということであり、日本の消費者の選択のために、ごく当たり前のことを示したに過ぎない。

東京新聞が、偏った一部の学者と市民活動家を多用して記事をまとめるのは、いまに始まったことではないが、あまりにも偏りがひどすぎる。もっとも、それが左派系リベラル読者層に照準を定めた東京新聞の路線なので、「どんな商品（新聞記事）を売ろうと、わが社の勝手でしょ。つべこべ言われても、変わりませんよ」と言われれば、確かにその通りだ。

私が危惧するのは、そこまで路線を固定すると、記者たちが同じ顔をしたロボットのように見えることだ。過去の組み換え関連記事を見ると、どの記者が書いてもほぼ同じような偏った記事が生産されている。新聞社は機関誌をつくる政党ではない。新聞社から記者の自由、多様なスタンスが失われてしまえば、言論は危ういと思っている。

今回の東京新聞の記事は、左にせよ、右にせよ、両極端な位置にいる学者や市民を取り上げれば、どんなニュースでも作り出せるというお手本のような例でもある。

さらに言うと、相手の言い分をそのまま載せるだけの記事は、記者にとって深い思考を必要としないため、いかに楽な仕事かを示すお手本でもある。それでいて、組み換え作物に反対する市民派からは「さすが東京新聞は違う。私たちの考えをちゃんと書いてくれる」と称賛されるので、書いた記者にも快感があるだろうと思うと本当に「オウム返し記者」は楽でおいしい仕事である。

いずれにせよ、組み換え食品に関しては、否定的な記事を書きたいと思っている記者があちこちにいるということだ。

食育でおかしな教本を見つけた

組み換え作物への誤解を抱いているのは記者だけではない。学校教育の中にも誤解が渦巻いている。

これは個人的な体験の域を出ないが、学校教育で重要な役割を果たす栄養士や管理栄養士の中に組み換え作物への誤解が多い気がしている。管理栄養士を教育する女子大学で「組み換え作物を原料にした食品は危険です」と大学の教授が堂々と教えているという現役の大学生に出会った（２０１８年春のこと）ことがある。個人的に知り合いの管理栄養士の中にも「組み換え作物を食べたら、体内の遺伝子が乱れちゃうよね」という人がいるくらいだから、学校教育でおかしな言説が流布していると思っても、あながち間違いではなさそうだと思っている。確か農水省が過去に調べた意識調査でも、学校の先生に組み換え作物への誤解が多かったのを覚えている。

さらに、つい最近、栄養士などに大きな影響力をもつ食育の本を見て驚いた。「完全保存版　服部幸應の食育の本」（発売・ローカス）だ。栄養士にとっては教科書のような副読本だろう。

食品表示のところを見て、腰を抜かすほど驚いた。

「Q　遺伝子組み換え食品はなぜ危険なのでしょうか」とあり、答えを見ると、

「A　自然界に存在しない食品だからです」とあった。

驚くばかりの説明である。続いて「組み換え食品は、遺伝子操作によってつくられた未知の食品であることから、さまざまな危険性が指摘されています。たとえば、新しい遺伝子が生まれることなどによって有毒性物質がもたらされるのではないか、アレルギーが誘発されるのではないかという声があがっています・・・」とある。

そもそも、なぜ危険なのでしょうか、と最初から危ないと決めてかかる問い自体に科学性を感じないが、何も知らない栄養士なら信じてしまうだろう。

遺伝子組み換え作物は、新しい遺伝子が生まれているわけではない。すでに自然界にいる細菌や植物に存在する遺伝子の形質を別の生物に移しているだけである（生命のメカニズムはどの生物にも共通するから）。そういう生物学的な説明をせずに、いきなり「なぜ危ないのですか」という問いかけをするのが栄養士の副読本という悲惨な状況である。

本来なら生徒たちに科学的な情報を伝えるべき栄養学の専門家がこんな本を参考にしているかと思うと、空恐ろしいが、これが現実だ。

そういう意味では、やはり高校・大学生のうちに、科学的な知識を伝えていく教育が必要だと痛感する。

2018年8月上旬、東京・恵比寿で「品種改良から見る食と農の歴史と未来」と題したユニークなイベント（旧日本モンサント主催。モンサントはドイツのバイエルに買収され、バイエルとなった）があった。ゲノム編集や組み換え技術に関する知識のクイズ王を決めるというおもしろい催しだ。中学・高校生や大学生約50人が知識を競ったが、興味深いと思ったのは、旧日本モンサント社の国内の隔離農場で試験栽培された遺伝子組み換えトウモロコシ（一般的なのは家畜のえさとなるデントコーンが主だが、この日は組み換えスイートコーン。日本では販売されていない）が試食用に提供されたことだ。見ていると、会場の参加者も含め、高校・大学生たちは何の抵抗感もなく、おいしそうに食べていた（写真2―1）。

組み換え作物に触れ、食べる。こういう体験的なイベントや教育をもっとやってほしいものだ。

組み換え作物を正しく知るQ＆A

このように、組み換え作物の誤解を減らすには、地道に基本的な知識を伝えていくしかない。そこで、教科書的な説明では飽きてしまうだろうから、基本知識が理解できるように、組み換え作物の疑問と解説を「Q＆A方式」で述べてみる。

このQ＆Aで「えー、そうだったの。ホントなの！」と驚く人が出てくるような内容に出

写真 2-1　クイズ王選手権

くわすだろう。ぜひ最後まで読んでほしい。

Ｑ　まず最初は、基本知識として、組み換え作物はいまどうなっているかを教えてください。

Ａ　組み換え作物の栽培は１９９６年に米国で始まり、いまでは24カ国（米国、カナダ、中国、スペイン、豪州、ブラジル、フィリピン、アルゼンチンなど）に広がっています（２０１７年。国際アグリバイオ事業団調べ）。面積は約1億８０００万ヘクタールです（ちなみに日本の耕地面積は約４４０万ヘクタール）。作物は主に大豆、トウモロコシ、ナタネ、綿です。米国やカナダでは大豆、トウモロコシ、綿、ナタネの面積の9割以上が組み換え作物になっています。組み換え作物の特質としては、「害虫に強い」（殺虫剤をまかなくて済む）「除草剤をまいても枯れない」（除草剤の使用が少なくて済む）「干ばつに強い」「肥料が少なくても育つ」などがあります。米国やカナダから、これらの作物を輸入している日本国内で大量の組み換え作物が流通しているのは当然ということですね。

Ｑ　なぜ、これだけ組み換え作物が増えたのですか。

Ａ　このことは、組み換え作物に関する研究文献約９００件を調べた「米国科学アカデミー」の約20人の専門家（写真2―2）がまとめた報告書を基にお話しします。最大のメリットは、殺虫剤や除草剤の使用が減って、生態系への影響がよくなったことです。「生物多様性が増えた」と言っています。農薬の使用量が減るから、クモなど益虫が増えたりします。生物の多様性が増えたという事実は生産農家も言っています。もちろん、収量も増えました。組み換え種子の値段は通常の種子よりも約2～3割高いですが、それを上回るメリットがあるから、世界中の農家は組み換え作物を増やしてきたわけです。農家はバカではありません。トータルで見て生産コストが年々高くなるようなら、組み換え種子を買い続けるはずはありません。

写真 2-2.　米国科学アカデミーのメンバー

Q　ところで組み換え作物の普及と自閉症は関係あるの？

A　全くありません。自閉症や自己免疫疾患は、組み換え作物があまり流通していない西欧（主に家畜の飼料として流通）でも、他の先進国と同様に増えています。もし組み換え作物が自閉症の原因ならば、組み換え作物の流通量が多い国ほど自閉症の発生率が高いという相関関係が生まれるはずですが、そういう報告はありません。

実は日本人は組み換え作物を食べていない！

Q　でも、日本で自閉症が増えているのは組み換え作物のせいだと言っている人たちがいます。「日本人は知らぬうちに、組み換え作物を食べさせられている」とね。

A　それは大間違いです。驚いてはいけませんよ。実は、日本人は組み換え作物を食べていないんです。食べていないのだから、自閉症と関係があるもないも、そもそも自閉症は別の要因で起きているという証拠になりますね。

Q　ええー、日本人が食べていないって本当ですか。大量に輸入していたはずだよね。

A　そこに大きな誤解があるんです。これまで説明してきたように、日本に輸入される組み換え作物のほとんどは、家畜のえさ、食用油、清涼飲料の甘味料に使われています。組み換え作物を食べた牛や豚、鶏の肉を食べても、その肉には組み換え作物に組み込まれていた元の組み換えDNAは含まれていません。えさから肉へは移行しないからです。これは農水省の調査で確認されています。つまり、いくら組み換え飼料を食べた牛や豚の肉を食べても、元の組み換えDNAは日本人の体内には入っていません。組み換え作物を食べた乳牛の牛乳や鶏の卵にも、元の組み換えDNAは含まれていません。組み換え作物を原料にした食用油にも、清涼飲料の液糖にも、元の組み換えDNAは残っていません。これは国がしっかりと調べており、間違いない事実です。結論を言うと、組み換え原料が使われた家畜の肉、牛乳、卵、食用油、清涼飲料のどれを食べても、元の組み換えDNAは入っていないので、日本人は組み換え作物を食べていないことになります。

Q　なるほどね。じゃあ、豆腐や納豆はどうなの？

A　これまで説明したように、日本国内では法的に表示義務のある大豆やみそなど33品目の加工食品は、すべて組み換えでない原料（ノンGMO）が使われています。組み換え原料を使っていないので、豆腐などを食べても、日本人は組み換え大豆などを食べていないことになります。

Q　では、「組み換えではない」と表示された大豆製品やコーン製品には、組み換えDNAはゼロなのでしょうか。

A　よい点に気づきましたね。そこが最大のポイントです。「組み換えではない」と表示されていても、実は、ほんの少しですが、組み換えDNAが混入していることが消費者庁などの調査で分かっています。輸入大豆だと平均で0・1％程度、トウモロコシだと最大4％程度、混入していることがあります。つまり、「組み換えではない」と表示されていても、実際には「ゼロ」ということではありません。、

Q　組み換えではないとして分別・管理された作物を輸入しているのだから、混入はゼロになるはずでは？

Ａ　海外から輸入するときは、現地の栽培・収穫から、途中の流通、輸入の過程で「組み換え」と「非組み換え」を分けて（分別といいます）運んでくるのですが、流通の途中で混ざってしまうのです。トラックから内陸の船へ、そして船からトラックへ、そしてまた港で船へと移し替える中で、わずかながら混ざるのです。だから、混入ゼロは無理です。その結果、皮肉にも、日本人は「組み換えではない」と表示された食品から、ごくわずかながら組み換えＤＮＡを体内に摂取しています。これに対し、組み換え原料を使っていながら、何も表示されていない食用油や肉からは、組み換えＤＮＡを摂取していないという奇妙な事実が分かります。

Ｑ　えっー、つまり「組み換えでない」と表示された食品から、微量の組み換えＤＮＡを取っていて、組み換え原料を使った食べ物からは組み換えＤＮＡを取っていないというわけですか。なんか狐につままれたような感じです。

Ａ　でも、それが真実です。ただし、組み換えではないと表示されている食品に組み換え原料が混入しているのは主に原料の段階なので、最終製品の豆腐や納豆になるとさらに元の組み換えＤＮＡは少なくなり、検出頻度は低くなります。その意味では、日本人は組み換えＤＮＡを体内にほとんど取り込んでいないという言い方が正確です。これは、裏から見れば、日本人は組み換えＤＮＡがほんの少し混じっている可能性のある食品を長く食べてきたことになります。もちろん、それによって何か健康被害が出ていることはありません。もし本当に発がん性があるようなら、もっとがんが多発しているはずですが、そんな事実はもちろんありません。、

組み換え原料を使った食用油に軍配

Q　どちらにせよ、日本人はどの食品からも組み換えDNAをほとんど摂取していない。それなら、あえて組み換えではない原料を使った食用油を買うメリットはあるのかな。

A　確かにそうですね。たとえば、食用油を選ぶ場合、一部の生協の人たちは組み換えでない原料（ナタネやトウモロコシなど）を使った、価格の高い食用油を買っていますね。あえて刺激的な言葉を使いますが、まったく愚かな行為です。組み換え原料を使った食用油も、組み換えでない原料を使った食用油も、どちらも栄養学的にも安全性でも差は全くありません。油は純然たる油ですから。食用油を精製する過程で元の組み換えDNAは分解・除去されるため、最終製品の食用油の中には、組み換えDNAは残っていないことはすでに説明しましたね。

Q　じゃあ、組み換え原料を使った食用油のほうがお得ということですか。

A　もちろんそうです。組み換え作物のほうが、農薬の使用が少なくて済み、栽培コス

図 2-1　どっちの食用油がよいか

A　組み換え作物を使用　　B　組み換えでない作物を使用

A
①農地での農薬使用量が少ない
②収量が高く、価格は安い
③油には元の組み換えＤＮＡは残っていない

B
①農地での農薬使用量は従来通りで多い
②分別管理のコストがかかり価格は高い
③油自体は組み換え作物使用のＡと同じ

⇩

①と②で組み換え作物の油の方がより環境に良く、どう見てもＡを選ぶのが正解

トも低いわけですから、むしろ組み換え作物を原料にした食用油を買うほうが、消費者の行動としてはエコ（環境にやさしい）だということです。そして、組み換え作物を栽培する方が生産農家も喜ぶわけですから、どう見たって、私なら組み換え原料を使った食用油を選びます。組み換えでない原料を使った値の高い食用油を選ぶ人は、たぶん現実をよく知らないから、非合理な行為に及ぶのでしょうね（図２―１）。

Q　あまり相手を悪く言うのはよくないですね。知りたいのは、その食品に元の組み換えＤＮＡが入っているかどうかですから。

A　ごめんなさい。つい興奮しちゃって。消費者が知りたいのは２つのことですね。ひとつは、最終製品に元の組み換えＤＮＡが含まれているかどうか。そして、もうひとつは、その製品の生産に組み換え原料が使われたかどうかです。この二つの情報を知らせる場合、表示で難しいのは、食用油のように組み換え原料を使ったけれど、その製品の油には元の組み換えＤＮＡが残っていない場合です。

この場合、正確には「組み換え原料を使いましたが、油には組み換えＤＮＡは残っていません」と表示すればよいのですが、事業者がどこまで対応するかですね。逆に豆腐などの表示は「組み換えではないとして分別管理された原料を使いましたが、ほんの少しは元の組み換えＤＮＡが残っている可能性があります」（写真２―３）と表示するのがベストですね。

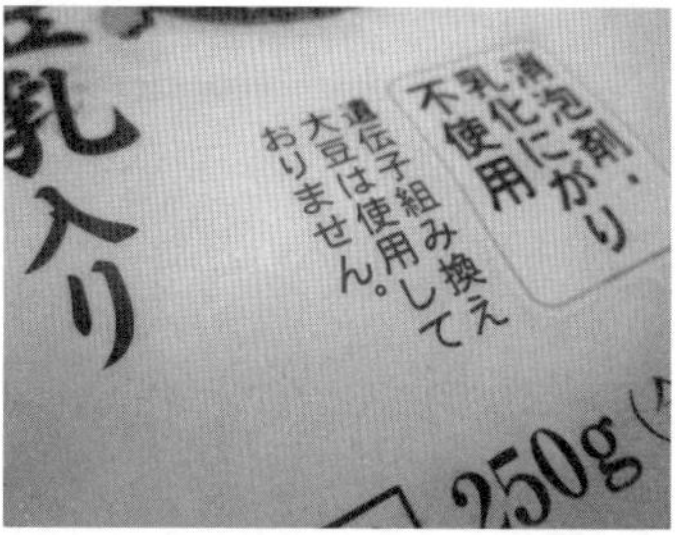

写真 2-3　GM表示の例

どちらにせよ、「組み換えではない」という単純な表示は、原料のことを指すのか、製品に含まれる組み換えＤＮＡのことを指すのかが分からず、最悪の表示例ですね。「組み換えではない」という紛らわしい表示が任意で認められているのが最大の問題ですね（２０１８年３月、消費者庁は「組み換えではない」の表示要件を「組み換えＤＮＡの不検出」と厳しくすることを決めたが、「ではない」に近い表現が認められる可能性もあり、予断を許さない）。

Q　なんか実態が分かると手品を見ているような錯覚を覚え

ます。「組み換え原料ではない」と表示された製品から、組み換えＤＮＡをわずかに摂取し、組み換え原料を使った食用油などからは、組み換えＤＮＡを摂取していないというマジックのような話ですね。

Ａ　それが真実なのです。マジックでもなんでもありません。でも、どちらにせよ、そもそも組み換え作物を食べても安全なのだから、どちらでもよいようにも思います。消費者が選択できるのがよいという視点に立てば、組み換え大豆を使った豆腐と非組み換え大豆を使った豆腐の両方がスーパーで売られ、どちらかを選べるのが一番よいですね。しかし、その選択はない。ハワイで流通している組み換えパパイヤは、日本のスーパーに売っていませんね。ハワイで食べておいしかった経験をもつ私は、日本でも組み換えパパイヤを食べたいと思っていますが、その選択はありません。反対運動を恐れてか、スーパーが扱ってくれないのです。早く本当に選択ができる時がやってくることを期待しましょう。

Ｑ　最後にひとつ質問していいですか。組み換え作物に農薬の使用削減などメリットがあるのは分かりましたが、除草剤が効かないスーパー雑草が出現したという話を聞いたことがあるんだけど、そこはどうですか。

Ａ　すばらしい質問ですね。確かにそういう事実はあります。たとえば、グリホサートという除草剤に強い組み換え大豆の場合、その除草剤をまけば、雑草だけが枯れて、大豆は枯れない（写真２―４）というメリットが大きく、アメリカの大豆面積の９割以上を占めるようになったのですが、除草剤に抵抗性を示す雑草が出現してきたのです。ただ、これは特定の除草剤を使い続けると、その除草剤に耐性を示す雑草が現れるという話ですから、組み換え作物自体に問題の根源があるわけではありません。

Ｑ　もう少しわかりやすく説明してください。

Ａ　この問題については、２０１６年８月、米国イリノイ州で組み換え作物を栽培するダン・ケリー氏（写真２―５）に聞いてみたことがあります。ケリー氏は次のように答えています。「除草剤（グリホサート）の効力は確かに落ちてきた。しかし、他の種類の除草剤を使えば、ほぼ枯らすことができる。他の除草剤を使えば、その分コストは上がるが、組み換え作物（グリホサートをまいても枯れない組み換え作物）を断念するほどの状況ではない」。

つまり、除草剤に抵抗性を示す雑

写真 2-4　除草剤耐性の大豆は除草剤を撒いても青々と茂る

写真 2-5　ダン・ケリーさん

草は確かに出現していますが、組み換え作物の栽培を断念するほどのリスクではないということです。

Q　組み換え作物といえども、万能ではないような気がしてきました。

A　全くその通りです。組み換え作物といっても、普通の植物よりも、ちょっとだけ性能のよい植物に過ぎません。車でいえば、すぐれた性能のハイブリッド車が登場したようなイメージを浮かべればよいでしょう。ハイブリッド車といっても万能ではありません。組み換え作物も、新しいテクノロジーのひとつです。いまよりもっとすぐれた作物が出てくれば、農家はその新しい作物を使うでしょう。これはあたり前の話ですが、組み換え作物も、長いテクノロジーの進化の中で生まれた発展途上の作物に過ぎません。特別に恐れるものでもないし、特別に絶賛するものでもありません。冷静にメリットとデメリットを見極める目が大切ですね。日本では、法律上は組み換え作物を国内で栽培してもよいのですが、まだ試験栽培を除き、商業目的で栽培された例はありません。試しに栽培してみたいという農家は現にいますが、それすらできないのが日本の悲しい現状です。やってみたいという農家の希望もかなえられないのが、いまの日本の悲惨な状況です。

◎遺伝子組み換え作物に関する報道のバイアス要因

①記者の勉強不足
②記者の偏った価値観や先入観
③記者の「市民団体への共感と忖度」
④組み換え作物は悪とする記者たちの善悪二元論
⑤科学者たちのアクション不足と情報伝達努力の不足
⑥組み換え作物の現場を知らない記者の観念論
⑦学校での偏った教育（栄養士を養成する大学の授業の偏りは大問題）
⑧組み換え作物の研究・開発を縮小させた旧民主党政権の後遺症
⑨農林水産省の一枚岩でない組織と政策
⑩科学的な情報を発信する消費者団体が少ない

第三章　トンデモ報道の法則と特徴

―ニュースのゆがみは記者のゆがみ―

週刊誌を撃退する武器

週刊誌を読むときに気をつけることは何だろうか。

結論からいうと、以下の三つを実行することだ。


「買わない」

「読まない」

「信じない」


これが食のリスクをセンセーショナルに報じる週刊誌を撃退する武器である。

なぜ、「買わない」が重要か。週刊誌は売れてなんぼの世界。売れないような特集記事は書かない。週刊誌は、読者に科学的で正確な情報を伝えようと思って書いているわけではない。

週刊新潮が2018年5月から7月にわたって、「危ない国産品リストはこれだ」といった、私から見れば、読むに値しない情報（読むだけ時間の無駄）を延々と書いていたが、多少は売れたのであろう。リストに挙がった企業のいくつかに聞いてみると、お客（週刊新潮を読んだと思われる読者）からの問い合わせは1日に数件程度で、ほとんど反響はなかったといってよい。それでも特集を組んだのは、無添加ビジネスでひと儲けする事業者たち（記事にたびたび登場する市民活動家も含め）のサポートがあったのだろうと推察する。

週刊誌は売れるなら、たいていのことは書く体質の生き物である。

いわば「売れてなんぼ」が週刊誌の心臓である。

次の武器の「読まない」は、万が一買っても、読まないことだ。それなら買う意味はなくなるが、仮に買ったとしても、食や健康のリスクに関する特集は読まないことだ。週刊誌は、「ええ、そうだったの！」と読者をびっくりさせることに命をかける。読んでおもしろいことに全力を傾ける。食と健康の話はそうそうおもしろい話がころがっているわけではない。しかし、おもしろおかしく書かないと売れないし、読んでもらえない。結局、地味でおもしろくない科学的な情報は二の次になる。だから、読まないことが最大の武器となる。

「信じない」は、仮に読んでしまっても、信じなければ、被害は少なく済むという意味だ。まさか健康になりたいからという理由で、あえて週刊誌の食と健康の特集を買って読んで信じる人は少ないだろうと思うが、電車などでまじめに読んでいる姿を見るとびっくりする。

週刊誌は単純で分かりやすく、刺激的な言葉を使って読者を挑発する。当然ながら科学的な情報はゆがむ。しかも、たいていの場合、登場する評論家や活動家はいつも同じ顔触れである。さらに、科学者の世界ではほとんど相手にされないような人たちであるが、こと週刊誌の世界では勢いづき跋扈する。センセーショナルで危ないことをためらうことなく言ってくれるから、貴重な存在なのである。

その意味では、新聞はまだまだ、週刊誌に比べれば、まともである。少なくとも、そういう市民活動家の独壇場となるような紙面をつくることはめったにない。新聞社にもいろいろな記者がいるが、まだ良識が働いている。

以上、「買わない」「読まない」「信じない」を実践すれば、トンデモ情報にひっかかる被害にあわずに済む。

では、そのトンデモ記事の具体的な例をいくつか見てみよう。

週刊朝日のトンデモ記事

ゴシップ系雑誌ならいざ知らず、新聞や新聞系の雑誌にトンデモ記事が登場することはありえないと私は思っていたが、見事に裏切られる記事を目にした。

読んでみて、あ然とした2つの記事を紹介しよう。

一つ目は、週刊朝日の記事（2018年2月16日号）。びっくり仰天するトンデモ記事の傑作といってよいだろう。朝日新聞がよくも、こんな粗悪な欠陥記事を載せたものだと半ばあきれてしまう例である。

記事の大見出しは「健康寿命を延ばす食品選び」で、小見出しは「それ食べちゃダメ！プロ4人が正しい買い物術と調理法を指南！」だった。4人のプロとは、「食品の裏側」の著者として知られる安部司氏、添加物を危険視した本を書きまくっている渡辺雄二氏、フードプロデューサーの南清貴氏、食事療法士の辻野将之氏。記事を書いたのはジャーナリストで、記事の最後に「本誌・大崎百紀」とある。

この記事は、ジャーナリストの大崎さんが4人の話を基に書いたものだ。食品添加物に詳しい科学者や記者なら、おそらく4人の名前（性格や人物ではなく、その考え方のこと）を聞いただけで、まずは身を引くだろう。4人の名前を見るだけで、記事の信頼性は低いと私ならすぐに判断する。

なぜなら、健康寿命を延ばす目的で科学的な内容を読者に伝えようと思って取材するとしたら、この4人はそもそも取材対象になるような科学者でもなければ、専門家でもない。健康寿命を延ばすときに知っておくべき重要な情報は、食や栄養に関する知識が豊富で疫学的な研究で知られる学者に聞くのが普通だが、このジャーナリストは、そういう科学的な感覚がなく、市民活動家のような人たちにアカデミックな健康寿命の話を聞いている。

記事の目的が、食品リスクの不安を煽るというものなら、この4人を登場させてもよいだろう。しかし、表向きとはいえ、「健康寿命を延ばす食品選び」という大目標を掲げる以上は、まっとうな科学者の話を聞いて、科学的な根拠のある論文や意見を紹介してほしいが、そういう見識はこのジャーナリストにはないようだ。

そういう背景を全く知らない人は、こういうトンデモ記事を信じてしまうのかと思うとやりきれない。

たとえば、記事の中に登場するトンデモ事例を挙げてみる。

――「南清貴さんは数年前から絶対に電子レンジを使わないようにしている。マイクロ波で食材を加熱すると、たんぱく質が凝固（変性）してしまうからだ」――

電子レンジで食品が変質し、健康被害につながるかのような言い方だ。

みなさんはこれを読んでどう思うだろうか。その通りだと納得するだろうか。

電子レンジを敵視する主張は以前にも聞いたことがあり、そのときは「マイクロ波は食品中の遺伝子をズタズタにする」という言い方だった。確かに電子レンジで加熱すると食品中の水の分子が激しく運動し、熱が発生して、たんぱく質は変性する。遺伝子もズタズタに切れる。しかし、ちょっと考えれば分かる通り、食材を高熱の直火で焼いても、ぐつぐつ熱湯で煮ても、またフライパンに油をひいて高熱で炒めても、たんぱく質は変性するし、遺伝子もズタズタになる。

この一文を見るだけで、記事を書いたジャーナリストの科学的知識が相当に低いことが分かる。もし知識があれば、たとえ、南氏がそう言ったとしても、記事にはしないからだ。南氏が誤ったことをしゃべり、それを記事にすることで世間の笑われ者になれば、失礼にあたるからだ。このため、明らかにおかしなことを言った場合は、いくら本人（取材相手）の言葉でも、それを書かないのが記者の常識である。もちろん、あえておかしな言動を載せて、不安を煽る意図があれば別だ。

もうひとつ驚くのは、この記事は週刊朝日のデスク（原稿を読んで内容に間違いがないかをチェックするベテラン記者）が目を通しているはずなのに、こんな初歩的な一文をそのまま載せていることだ。つまり、週刊朝日のデスクの科学的知識も相当に低いということだ。

個人的には、ジャーナリストの大崎さんよりも、デスクの責任のほうが重いと思える。なぜか。

ジャーナリストの大崎さんは、ネットのブログや過去の記事を見る限り、「天然オイルで肌をなめらかにする」とか、もともとオーガニックやエステなど自然天然思想を信じていて、科学的な記事を書いている記者ではない。おそらく今回の記事も、南氏ら4人の生き方や思想に共鳴して書いているのだろう。だから、大崎さん自体が非科学的なことを書いても、それはそれでよい。以前と同じことを書いているだけだからだ。

問題の根源は、その原稿をチェックするデスクの側にある。デスクや編集長がこの原稿を採用したという点に、週刊朝日の劣化が透けて見えるのだ。

もうひとつ南氏に関しては、個人的に苦い経験がある。ネットの記事を見て、おかしな点に関して問い合わせてみたが、一度も返事はこなかった。

情報の良し悪しを見分ける方法のひとつは、こちらの問い合わせに応じるかどうかも、重要な指標だろう。

食品添加物で依存症に？

辻野氏の食卓を紹介しながら、次のような記述も出てくる。

―「昆布でだしをとったシンプルなみそ汁に炊きたての玄米ご飯。それに自家製の漬物を添えて。顔の見える生産者から届いた野菜と魚、豆製品をゆっくりかんで味わう。肉はほとんど食べません。遺伝子組み換えの不安がある大豆油やコーン油は極力控えています」―

要するに伝統的な和食を提唱しているわけだが、伝統的な和食にも塩分の過剰摂取など弱点があり、それをもって健康寿命が延びると考えている栄養学者はほとんどいない。食品添加物や遺伝子組み換え作物を避ければ、健康寿命が延びると考える科学者がいたら、ぜひそのデータを示してほしい。結局、記事に出てくる内容は、科学者とはとても言えない４人の素朴な信念、思想、生き方、価値観を紹介しているに過ぎない。

ひとつ付け加えれば、２章で述べたように、大豆油やコーン油には、たとえ組み換え作物を原料として使ったとしても、元の組み換えＤＮＡは油には残っていない。なんの問題もない。辻野氏はいったい何に不安を感じるのだろうか。不安を感じるなら、組み換え作物に比べて、農薬の使用量が多い非組み換え大豆や非組み換えコーンだろう。

また、次のような記述もある。

―「母親から即席麺を没収された子どもが耐え切れずに万引きに走ったケースがあり、添加物が招く依存性の高さが問題…」―

記事は、添加物を食べると依存性が高くなると脅しておきながら、その一方で「自然のものを選んでいけば、味蕾は2週間で変わり、子どもは3カ月で変わる」とも書く。仮にわずか2週間で子どもの味覚が変わるならば、依存症といっても意外に軽いということなのか。もし添加物が依存症をもたらすというなら、添加物を毎日食べている日本全国の子供たちが依存症ということになるだろう。おかしな話である。

「砂糖は不自然な甘みであり、依存性が高くなる」という記述も出てくる。白い砂糖のどこが不自然なのか。単に不純物の少ない純粋な化合物に過ぎない。「国内で使用が認められている12品目のタール色素は、動物実験やその化学構造から発がん性の疑いがもたれている」との記述もある。

食品添加物は国の審査を経て、発がん性が認められないからこそ流通している。読むに堪えない不正確な話ばかりで、よくもこんな記事をデスクや編集長が通したものだ。

この週刊朝日の記事に対しては、科学ジャーナリストとして信頼できる松永和紀さんが2018年2月、オンラインメディア「バズフィード」に「食のフェイクニュースに惑わされるな~週刊朝日の記事をじっくり検証してみた」に書いている。詳しくは松永さんの記事をぜひ読んでほしい。

朝日新聞という信頼できる肩書を背負った雑誌ならば、「健康寿命を延ばすため」という特集記事を組む以上、科学的な健康情報（世界の国の中でどんな食事法ががんを防いだり、健康寿命を延ばすかといった情報）を読者に届ける使命をもっているはずだ。

健康寿命と栄養、食の関係を研究する学者はたくさんいる。まずは、その方面の疫学に詳しく、論文をいくつか書いている信頼できる学者の意見を聞くのが記者の仕事のはずだ。なのに、デスクや編集長は、ジャーナリストの書いてきた原稿をそのまま載せただけに終わっている。そこに科学的な目でチェックした跡が見られない。私が編集長なら、この4人が登場する原稿なら、ボツ（採用せず）にするか、どうしても4人の話を載せるなら、栄養学などに詳しい他の科学者や医師の意見も載せるだろう。

週刊朝日クラスのデスクですら、このような非科学的な話のオンパレード原稿を修正しなかったという点は、同じメディアの人間として、本当に残念である。科学者がちょっと読むだけでおかしな点が次々に出てくるような原稿をそのまま通過させた責任はすごく重い。

これが、ゴシップ雑誌なら許そう。この記事はれっきとした新聞系の雑誌であり、ことは健康情報である。間違った欠陥情報（欠陥商品）を読んで信じた読者はいわば「情報被害者」である。その被害を生み出した責任は、メディア側のデスクと編集長にある。まして、記事の末尾に「本誌・大崎百紀」とある。「投稿者・大崎百紀」ではない。このトンデモ記事は、実は、週刊朝日が自信をもって読者に届けた情報だったのである。

冒頭に提唱した「買わない」「読まない」「信じない」の三つの武器を思い出してほしい。週刊朝日の記事は、買って読むほどの情報ではなかったことは明白であろう。

トランプ大統領の出現で、ウソの情報であるフェイクニュースを検証する活動が世界各地で始まり、日本でも「ファクトチェック」活動が始まった。ならば、この種の記事を検証することこそが最も大事だと考える。

「食品安全情報ネットワーク」が質問状

もちろん、日本にも、おかしな記事を検証する活動は存在する。ボランティアの市民団体「食品安全情報ネットワーク」（ＦＳＩＮ、２０１８年４月から、私は唐木英明・東大名誉教授とともに共同代表）である。この団体が２０１８年２月、この週刊朝日の記事に対して、７

つのおかしな事例を挙げて、質問状を出した（内容はＦＳＩＮのホームページで読める）。なかなか返事が来ない。しびれを切らしたネットワークの担当者が3月半ば、週刊朝日に電話した。そうしたら、次の答えがもどってきた。

――「返答が遅くなり申し訳ない。紙面の内容以上のことはお答えできない。特定の相手にだけ時間を割いて記事について教えることはできない。面談（の申し込み）については、コスト面から対応できない。前の担当者は面談する、しないのやりとりで時間と労力をかけていたが、今回はできない」――

要するに門前払いである。

こちらが「おたくの商品には、これこれの欠陥があるのでは」と尋ねているのに対し、まったく返答しないという冷淡ぶりだ。

仮に、こうした事例が食品メーカーのパンだとしよう。「パンに異物が入っていました。取り替えてくれますか」という問い合わせに対して、週刊朝日は「コスト面から対応できない」と言っているのに等しい。不思議にも、メディアの世界では、コスト面で対応できないという横柄な態度がまかり通ってしまう。こういう目にあえば、だれだって、二度とそのメーカーのパンを買わないだろう。週刊誌が衰退していくわけだ。

こういう態度を見ても、「買わない」「読まない」「信じない」が的確な武器だとわかるだろう。

週刊朝日の報道に前科あり

実は、「食品安全情報ネットワーク」が週刊朝日に質問状や訂正要求を出したのは、これが初めてではない。以前にもひどい記事があった。

２０１５年10月23日号に載った「ＴＰＰで脅かされる日本の医療、食、健康」との大きな見出しの記事である。

中身を簡単に要約する。

――「(環太平洋パートナーシップ協定のＴＰＰの妥結によって）食品の安全性では、遺伝子組み換え（ＧＭ）作物がフリーパスになるだろう。ＧＭ作物は除草剤耐性や害虫を殺す毒素を持ち、摂取すると発がん性など人体への悪影響が指摘される。

・・・山田元農水相が語る。「・・・日本の食品衛生法では表示義務があります。アメリカは、こうした表示がＧＭ作物の輸出を妨げていると異議を唱えている」

・・・さらにモンサントが製造するネオニコチノイド系農薬は、農作物の内部まで浸透して洗っても落ちないから深刻だ。

・・今年5月、厚労省は食品残留基準を緩和したが、アメリカの意向を汲んでいるとしか思えない措置である。・・・」――

この記事は間違いと裏付け不足のオンパレードである。

よくもこんな粗雑な内容の原稿がベテラン記者のデスクの目を通ったものだなあ、とあきれる。

山田元大臣が農水大臣の当時、課長クラスの官僚をしかりとばす光景を時折見たが、その言い草は、たとえば「米国産の肉牛には成長促進のために女性ホルモン剤が使われている。こんな肉を食べて、小さな女の子のおっぱいが大きくなったらどうするんだ」（正確な表現は覚えていないが、ニュアンスはこんな感じだった）というものだった。

山田氏がどんな考えを持とうと、それは自由だろうが、そんな非科学的な考えの持ち主が政治のトップにいたことが信じられない。私が当時の民主党政権に絶望を感じた大きな要因は、山田氏のような偏った人物がいたからだ。

山田氏は月刊タイムス社が発行する「月刊ＴＩＭＥＳ」（２０１８年８月号）のインタビュー記事で次のように述べている。

―「遺伝子組み換え作物にはＢＴ毒素を出し、虫がコロッと死んでしまうのがある。・・そうしたものを人間が食べて、人間の腸は大丈夫か、というとそうではない。腸疾患と遺伝子組み換え作物の作付面積は比例している。腸がやられると頭もやられる。アメリカでは既に３人に１人ぐらいが発達障害だという……」―

遺伝子組み換え作物のせいで3人に1人が発達障害だと受け取れる荒唐無稽な発言である。これがかつて農水大臣を務めた人の言葉かと思うと、背筋が寒くなる。

組み換えトウモロコシは確かに葉や茎にBT毒素をもっているが、そのBT毒素は有機農業でも使われているれっきとした生物農薬である。山田氏は知ってか知らずか有機農業でも使われていることを絶対に言わない。強調するのは恐怖感だけだ。

さらに、組み換え原料を使った食用油からは、組み換えDNAは検出されないのに、山田氏は「消費者庁は液体になっているので検出できないと言ってきたが、嘘です。切断されているのが残っている」（同月刊TIMES）と根拠のないことをいとも簡単に言い放つ。同様の発言は「食品商業」（2018年8月号）でも見られた。

私から見ると、山田氏は科学者の声に全く耳を傾けようとしない稀有な人物にみえる。話は週刊朝日にもどる。

驚くべきことは、名もない雑誌ならいざ知らず、名だたる週刊朝日の記者が、そうした山田氏にインタビューし、記事をまとめたことである。

この週刊朝日の記者も、2章で述べた神戸新聞のオウム返し記者と同じ部類である。山田氏がしゃべったことをそのまま全く疑いもせず、裏どりもせずに記事を書いた。

その証拠に、記事は山田氏の言葉として「TPPが実施されれば、GM（組み換え）作物がフリーパスになるだろう」と書いているが、そもそも安全性が確認されたGM作物は1996年から輸入されている。すでにフリーパスで輸入されているのだ。この記事を読むと、TPPが妥結されるとそのあとフリーで入ってくるかのように読める。

「GM作物を摂取すると発がん性などの悪影響が指摘される」と書いているが、もし本当に発がん性があれば、その安全性を審議した世界中の政府の科学者たちは、愚かで無知な科学者だということになる。

当然ながら、記事をチェックしている「食品安全情報ネットワーク」は2015年11月5日付けで週刊朝日に訂正の要望書を出した。

その要旨は次の通りだ（FSINのホームページで公開されている）。

――「GM作物を摂取すると発がん性など人体への悪影響が指摘される、は事実ではありません。遺伝子組み換え作物は、米国も含め各国とも国際評価基準に基づいて評価しており、日本でも内閣府・食品安全委員会が食品としての安全性を評価し、厚労省が認可しており、発がん性など人体への悪影響は確認されていません。これまで健康被害は一度も報告されておりません。

そもそも遺伝子や遺伝子がつくるタンパク質は、どの食品中にも含まれており、人が食べても消化管で消化される。遺伝子組み換え作物に導入された遺伝子またはそのタンパク質もすみやかに消化される。根拠なく誤解と不安を読者に与えるものだと考えます。誌面で訂正し、正しい情報を提供してください」――

市民の危惧する声を載せただけ!

これに対し、週刊朝日側から11月13日付けで回答が来た。

それは以下のようなものだった。

――GM作物は、動物実験では発がん性を確認する結果も出ています。その結果を受けて、人体への影響を心配する声があり、安全性について疑問視する学者や消費者団体もあります。ヨーロッパではGM作物は厳しく規制されています。TPPによって、GM作物が「フリーパス」状態で国内で流通することを危惧する声を紹介したものであり、GM作物の安全性そのものを論評するものではありません――

なんと、組み換え作物を危惧する市民の声を載せただけです、という返事だ。

一部生協の人たちの言い分を全面的に載せた神戸新聞と全く同じ構図の言い方である。どんなにおかしな言い分でも、市民の声なら、載せるというのが週刊朝日のスタンスなのだろうが、そこには記者たちが科学的な目でチェックする検証精神は全く見られない。

このあと、「食品安全情報ネットワーク」は再び、質問書を出した。

「フランスの学者が行った動物実験の発がん性は試験デザインが不十分なため、科学的な評価では信頼性が否定され、学術誌に載った同論文は取り消された。ヨーロッパで規制されているというが、スペインなどでは栽培されている。表示制度はあるが、それは安全性とは関係なく、消費者の選択を目的としたものだ」

これに対し、雑誌側はこう答えた。

「いったん取り消された論文はまた別の雑誌に掲載された。遺伝子組み換え作物の安全性については結論が出ていません。日本の企業が食品に『組み換えではない』とわざわざ表示しているということは、消費者の警戒感に配慮しているためだと考えられます」

このあと、さらに「食品安全情報ネットワーク」は「いったん取り消された論文を新たに掲載した雑誌は査読を経ずに掲載されたものだ。ヨーロッパでも組み換え食品や飼料は流通しており、原則禁止されているという事実はない」などの内容の手紙を出した。

だが、食品安全情報ネットワークが求めた「直接の面談」は実現していない。

フランスの学者が行ったラットの実験は、1群でわずか10匹のラット、しかも、がんになりやすいラットを使ったものだった。さらに組み換え作物を食べていないラットにもがんが見つかるなど、とても科学的な実験といえるものではなかったことは拙著「誤解だらけの遺伝子組み換え作物」で述べた。実験が不備だったため、どの国の科学者も信頼しなかったのである。

もちろん、組み換え作物に反対する市民団体は、こういう不備な実験でも、自分たちの運動を強化する武器として使う。だから、いまだに組み換え作物でがんが起きると信じている市民もいるだろう。

市民ならまだ許されるが、恐ろしいのは、週刊朝日のような新聞系雑誌にいる記者でさえも、これを信じて記事にしていることである。驚くべきことに週刊朝日は「遺伝子組み換え作物の安全性については結論が出ていません」と答えている。もし本当にそう思うならば、堂々と安全性に関する論争を記事で展開すればよいのに、最終的には「組み換え作物の流通を危惧する声を紹介したものであり、ＧＭ作物の安全性そのものを論評するものではありません」と逃げる。

フランスの学者が行った発がん性試験については、日本のほとんどの科学者、そして世界中の公的機関が「信頼性に欠ける動物実験だ」と指摘している。この状況に対し、週刊朝日はその欠陥だらけの実験を盾に「人体への悪影響が指摘される」と書くような媒体だということだ。ほとんどの科学者を敵に回して、記事を書くつもりなら、勇気あるメディアとして賞賛したいし、それなりの論争を期待したいところだが、「それはやりません。ただ市民の不安な声を届けただけです」といったニュアンスで最後は退却する。

市民の間に組み換え作物への懸念があるならば、科学的な情報を記事にして、その懸念を払拭するのがメディアの役割のはずだが、そういう骨の折れる仕事はしない。懸念を伝えるだけなら、記者は不要である。

この程度の問題意識で記事を書いているという事実を、読者のみなさんはぜひ知っておく必要がある。

山田元農水相の受け売り記事

この記事では、裏付け不足（手抜き取材）も決定的に問題だ。

山田元農水相の言い分として、「アメリカは、こうした表示がGM作物の輸出を妨げていると異議を唱えている」と紹介したくだりは、どうみても手抜きの文章である。

アメリカが異議を唱えているというなら、いつ、どこでどういう内容の異議を唱えているかをしっかりと取材して、説得力のある記事を書くのが記者の務めだと思うが、そういう裏取りは一切やっていない。ただ山田氏の言い分をそのまま載せただけである。

もし私が同じ内容の記事を出稿したとしたら、毎日新聞のデスクはおそらく「裏を取ったのか」と尋ねるはずだ。

記者の仕事は、いろいろな出来事がどこまで科学的根拠や事実に裏付けられたものかを検証することである。今度の記事を読むと、そうした地道な検証作業を放棄して、ただ単に山田元農水相の談話を載せているだけである。最初の企画段階から山田氏の意見を載せるのが目的だったのだろう。取材相手の談話を並べるだけの記事なら、大卒の記者はいらず、高校生いや中学生でも書ける。

ちなみに私が外務省、厚労省、農水省など各省庁、米国大使館などを取材した結果では、そもそも、そういう米国からの異議は確認できず、そもそも組み換え表示制度がＴＰＰで議論された形跡はなかった。

ＴＰＰに加盟する豪州やニュージーランドの表示制度は、米国とは異なり、欧州に近い厳しいものだ。米国一国が簡単に押し切れる問題ではないことはだれだって分かる。そういう基本的な認識すらない記者が書いていることが分かる。

また、「（米国の種子総合会社の）モンサント（２０１８年8月、ドイツのバイエル社に買収され、モンサントの名はなくなった）が製造するネオニコチノイド系農薬」と書いているが、モンサントは製造していない。悪いことはなんでもモンサントのせいにするのは市民活動家の特徴でもあるが、記者なら調べて書けばよいが、それを怠っている。さらに「厚労省は（除草剤の）食品残留基準を緩和したが、アメリカの意向を汲んでいるとしか思えない措置である」と書いているが、当時、新たな農薬の使用基準を申請したのは日本の農薬会社であり、アメリカではない。なんでもかんでもアメリカの圧力だと書く記者の紋切り型思考法の悪しき例でもある。

こういうバイアス記事を読まされる読者は、一種の“情報被害者”なのが分かるだろう。おかしいと思ったら、すぐに問い合わせをして、情報の真偽を確かめることが必要である。どちらにせよ、市民の声を取り上げるだけなら、記者は不要である。市民の生の声をそのまま載せるか、ＧＭ作物に反対する市民団体に寄稿してもらった方がまだましである。なにも大の記者がわざわざオウム返しの記事を書くような話題ではないはずだ。

ちなみに、このように疑問点が多かったため、私は一個人としていくつかの疑問と質問を書いた手紙を担当記者と編集長にそれぞれ送った。しかし、ついに返事は来なかった。私の書いた新聞記事に対し、読者から質問や抗議が来たら、特別なケースを除き、まず返事を書くし、過去にも書いてきた。そういう礼儀というか、倫理感すらない雑誌なのか？と思うと、同じマスコミ人として悲しくなる。

これではメディアへの信頼が低下してもおかしくないという思いも抱いた。

どんな記事でも創作できる

週刊朝日の記事を見てお分かりのように、新聞系の雑誌記事でも、プロパガンダに近いものが出てくる。つまり、記事とはいっても、記者やジャーナリストが作り出した「創作品」だと分かるだろう。記事は、常に記者が記者なりの目で作り出す物語の一種なのである。

だから、メディアはどんなニュースをもつくり出すことが可能になる。メディアはそもそも奇人変人、異端、少数の活動家や評論家、学者に注目する。珍しいことやおもしろいことを伝えて、世間の注目を集めようとするので、山田元農水大臣のような偏った人物（考え方のことで山田氏の人物像を否定しているわけではない）の話を聞いて、驚くばかりのストーリーを仕立て上げる。

だから、安全な話には興味を示さない。危険だと言ってくれる人物に焦点を当てる。その結果、週刊朝日のような偏った記事が生まれる。1章の、子宮頸がんを予防できるＨＰＶワクチンで分かったように、圧倒的な科学者が主張する統計的なデータには見向きもせず、例外的な人や現象にばかり注目する。

これでは偏ったニュースが市民に届くのは当然である。

しかし、現実の世の中を見てみよう。テレビやネットニュースを見なければ、自分の身の周りで起きる現象は平凡な出来事ばかりである。世の中の現象は、ごくありふれた平均的な出来事から、めったに起きない特異的な出来事までいろいろあるだろうが、ありふれた出来事のほうが圧倒的に多く、その出来事の分布は、一般的には正規分布のような形になる（図

3―1)。

たとえば、ある小学校の1クラスの身長の分布を想像してみよう。ずば抜けて身長が高い児童は1人か2人、ずば抜けて低い児童も1人か2人だろう。ニュースになるのは、もちろん両極端のほうである。

ニュースの世界も同じである。

記者たちはおもしろいこと、特異的なことを追いかける。週刊文春の編集長（新谷学氏）が著した『「週刊文春」編集長の仕事術』を読んだら、「おもしろい」が最大の関心事で、「おもしろくなければニュースじゃない」という発想でニュースを届けていることがよく分かった。

だから、ニュースの世界では、冒頭の週刊朝日に登場した4人のような偏った人物が主役になれる。組み換え作物でがんになると主張する偏った学者の偏った説が生き残る。ここで言う偏ったという意味は、間違ったという意味ではない。どんな世界にも少数派と多数派がいる。その少数派にも、左派的な人もいれば、右派的な人もいる。遺伝子組み換え作物や食品添加物を毛嫌いして絶対にイヤだという人もいれば、遺伝子組み換え作物こそ安全性が徹底的に審査されており、最も安全だ（筆者＝ごくまっとうな見方かもしれないが…）という学者（「暮らしのなかのニセ科学」の著者、左巻健男・法政大学教授）もいる。

両極端の人がいる限り、ニュースはその両極端を追う形でどんなニュースも作り出すことができる（図3―1）。

週刊新潮が2018年5月から、危ない国産品シリーズを何度も特集していたが、これは極端な人たちの言説を引用しながら、延々と描き続けた創作物語である。極端な考えは極端な実験や論文（科学の世界でも、論文の世界でも、極端な人や事例は存在する）を根拠にしている場合が多い。

週刊新潮（2018年7月26日号）は「加工食品が作られる際に添加物が使用されるのは、あくまでメーカー側の都合である・・」と書いていたが、その論理をそのまま週刊新潮にお返しすれば、添加物を敵視する創作物語を延々と特集して、売らんとするのはメーカー側（週刊新潮）の都合である。

食品添加物は国によって安全性が審査され、守るべき使用基準があり、なおかつ食

図3-1　正規分布とニュースの関係

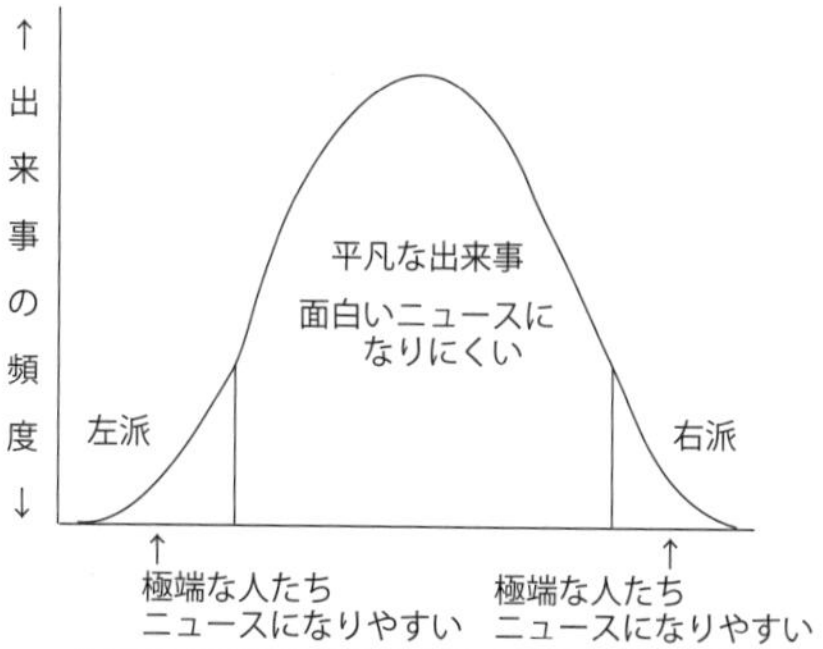

両極端な人たちの考えを取り上げれば、どんなニュースも作り出すことができる。週刊朝日や週刊新潮、神戸新聞の記事はこの例にあたる。日本のメディアは右派に冷たいので、左派リベラルの主張が記事になりやすい。

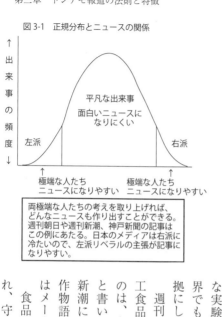

中毒を予防したり、おいしさを引き出したりするメリットがある。これらのことに触れず、添加物を避けていれば健康になれるかのような偏った情報を伝えることは、私から見れば、一種の罪である。

私は過去30年間、食と健康の問題を追いかけてきた。その間に取材した学者（医師や大学教授など）は軽く1000人を超えるだろう。そうした学者の中で、健康寿命を延ばすために添加物を避けたほうがよいとまじめに考えている学者や医師は、アンチエイジング（抗加齢医学）や化学物質の毒消し術（デトックス）などを唱える3人か4人くらいだった（過去の取材体験から）。もちろん私の目から見れば、科学の世界では極端な人たちだ。

いろいろな疫学調査や疾病統計を見ればわかるように、健康を維持するためにまずやるべきことは「禁煙」「運動」「休息」「快眠」「いろいろなものをおいしく食べる」「ストレスをためない」「友達を多くもつ」「よく笑う」など、ごく当たり前のことばかりだ。つまりは生活習慣病にならないようにすることだ。特定の食べ物を特別に重視して食べたり、避けたりしても、健康にはなれない。

白米か玄米か、どちらを選ぶにせよ、野菜・果物、魚、肉類、海藻類、豆類をバランスよく食べていれば、どちらでも大きな差はない。

しかし、週刊誌は「白米はダメ。玄米を食べよう」という極端な言説を好む。みんなをハッとさせるニュースを作りたいからだ。

そういう偏った人物や考えを登場させるのが週刊誌の最大の特徴だと思えば、やはり「買わない」「読まない」「信じない」が最大の武器といえよう。

買って応援もありか

もちろん、何事にも例外はある。

週刊新潮のおかしな特集に対して、週刊文春が「非科学的なキャンペーン記事だ」とかみついて、反論を試みた（２０１８年６～７月）例である。

この双方の週刊誌の戦いは、科学者と市民活動家の戦いのような感じになった。どう見ても、週刊文春の記事のほうが的確だったので、私たちの仲間では「文春を買って応援しよう」ということになった。科学者の声を取り上げた的確な記事を再び書いてもらうためにも、買って応援しようとなったわけだ。

しかし、新潮側から「文春だって、過去にわれわれと同じように煽る記事を書いていたではないか」といった論調で反論されてしまった。それでも今回の文春の記事は多数の科学者の声を代弁した内容だったので、それなりに意義はあったが、「安全です」という特集はどうも売れ行きがよくなかったと聞く。新潮への批判記事は２回で終了した。これを機に文春の記者たちが変わってくれるのを期待したい。

一方、週刊新潮に登場した安部司氏らとその仲間たちも、自分たちの主張を全面的に載せてくれる雑誌を買って応援したことだろう。そういう意味では、週刊誌の世界は、自民党と野党が戦っている政治の世界に似ていなくもない。売れたほう（得票数の多いほう）の勝ちである。

そういう点で、自分たちの主張を広めてもらうために週刊誌を利用しているのだと思えば、安部氏らの行動は巧みで賢い。週刊新潮としては売れ行きがよければ、万々歳だろうから、今回の特集はウインウインの関係だったのだろう。

ただ、業界関係者に聞くと、週刊新潮の記事に対する消費者の反応は大したことはなかったようだ。国産品のリストが載っているにもかかわらず、大手食品企業への問い合わせは、1日に数件と少なかった。週刊誌の威力が減じてきたかもしれない。

ネオニコチノイド系農薬への誤解

残念なのは、こうした偏った記事が週刊誌だけではないことだ。

いま、フェイクニュース（虚偽の情報）が注目を集めている。すぐにウソだと分かるフェイクニュースなら、やがて真実によって淘汰されるだろう。やっかいなのは、もっともらしい真実をちりばめた「半フェイクニュース」だ。

こういう半フェイクニュースのどこがどう間違っているかを見抜くのは、至難の業である。その実例を紹介しよう。

２０１７年８月下旬、共同通信社から「蜂蜜６割　基準超農薬　ネオニコチノイド系全サンプルで検出」というニュースが配信された。このニュースは共同通信社に加盟していない朝日、読売を除く、主に全国の地方新聞社に配信された。私の机にも、共同通信社の原稿が事前に回ってきた。私自身は毎日新聞に載せるかどうかの最終権限をもっているわけではないが、さっそく原稿を読んでみて、すぐにその不正確さに気づいた。内容もセンセーショナルで、とても科学的な解説にはなっていない。記述に間違いもある。

蜂蜜6割 基準超農薬
ネオニコチノイド系 全サンプルで検出

写真 3-1　中日新聞の一面

全国の地方新聞が一斉に掲載したら、誤解を招く情報が広がってしまうという不吉な予感が体中を駆け巡った。東京新聞はこの種のセンセーショナルなニュースが大好きなので、きっと載せるに違いない。そう思った。案の定、東京新聞の親会社である中日新聞が８月28日付け夕刊の一面に大きく載せた（写真3—1）。背筋が寒くなった。

肝心な点が分からない共同通信の記事

正確を期すため、共同通信社の原稿をそっくりそのまま、以下に採録する。少し我慢して読んでほしい。

——日本各地の蜂蜜やミツバチ、さなぎが、ネオニコチノイド系農薬に広く汚染されているとの調査結果を、千葉工業大の亀田豊・准教授（環境化学）らのグループが28日までにまとめた。東北から沖縄の9都県で集めた73サンプル全てで検出され、蜂蜜では6割超で国の暫定基準を上回った。

蜂蜜は日常生活で食べる量であれば、人の健康にすぐに影響が出るレベルではないという。

ネオニコチノイド系農薬は、各国で多発するミツバチの大量死や群れの消滅との関連が指摘される。亀田准教授は「農薬によっては48時間でミツバチの半数が死ぬとされる濃度を超えていた。野生のミツバチからも高濃度で検出され、既に影響が出ている可能性もある」と指摘する。

グループは岩手、福島、茨城、千葉、長野、静岡、鳥取、沖縄の各県と東京都内でサンプルを収集。28製品の蜂蜜、38地点のミツバチ、7地点のさなぎについて、クロチアニジン、ジノテフランなど6種のネオニコチノイド系農薬を分析した。

蜂蜜中の濃度は最高1グラム当たり351ナノグラム（ナノは10億分の1）、平均は約25ナノグラムだった。蜂蜜はネオニコチノイド系農薬の残留基準が定められていないが、その他の農薬に適用される国の暫定基準を18製品で超えていた。

成虫で濃度が最も高かったのは養蜂バチの10・6ナノグラム。別の場所の野生ハチも最高9・4ナノグラムが検出され、汚染が全国的に広がっていた。グループは場所ごとの濃度を公表していない。グループは「野生ハチへの影響を含め、より精密で広い範囲の調査が必要だ。ハチの成虫などサンプル集めに協力してほしい」としている。——

市販の蜂蜜で基準を超えたのか

一読して、どんな印象をお持ちでしょうか。

まず注目したいのは「蜂蜜では6割超で国の暫定基準を上回った」という断定的な言い方だ。国内で流通する蜂蜜の6割以上が国の基準値を超えていたら、ことは重大である。食品衛生法では、国の基準値を超えれば、その食品は販売禁止になる。健康に影響が出るレベルではないにせよ、基準違反はゆゆしき問題である。

しかし、国が動いた形跡は全くない。この記事は行政の動きに影響を与えなかったのである。なぜだろうか。

まず、この記事を読む限り、どの農薬が基準値を超えたかが全く書かれていない。「28製品の蜂蜜で違反」とあるが、その蜂蜜は一般の店で売られているものか、養蜂家が養蜂場で採取したもの（流通していない）かが不明だ。食品衛生法の対象となるのは、市販されている蜂蜜だからだ。いくら基準超えでも、養蜂家が飼っている巣の中の蜂蜜なら、国の基準に違反したとはいえないから、そのあたりはしっかりと伝えるべきだが、そういう大事な点にはふれていない。

真相は、共同通信の配信や新聞の記事をいくら読んでも分からない。

研究・調査した当事者に聞くしかないと思い、亀田氏に会って取材した。その結果、28製品のうち、市販されているものは14品目で、残りは養蜂家が出荷前に試し採りしたもの、趣味で養蜂をする養蜂家のもの、駆除された巣の中から取り出したものだった。この蜂蜜に関しては、調べた農薬はチアメトキサム（殺虫剤）とイミダクロプリド（殺虫剤）の2種類だった。市販されている14品目のうち、12品目からイミダクロプリドが0・01〜0・05ｐｐｍの濃度で検出された（数字に強い方ならすぐに分かると思うが、0・01〜0・05ｐｐｍは決して高い数値ではない）。チアメトキサムは非検出〜0・004ｐｐｍだった。

イミダクロプリドは一律基準

では、イミダクロプリドの残留基準値はどれくらいだろうか。実は、イミダクロプリドの基準値は米や野菜・果物、肉類などには設定されているが、蜂蜜にはまだ正式な基準値が設定されていない。このため、基準値は最下限の一律基準（0・01ppm）が適用される。共同通信社は、おそらく、この一律基準のことを暫定基準と呼んでいるのだろう。確かにイミダクロプリドに限れば、0・01〜0・05ppmの検出濃度なので、一律基準を超えている。しかし、共同通信社の記事にはイミダクロプリドという農薬名がそもそも出てこない。

一方、イミダクロプリドの大豆の基準値は3ppm、牛肉は0・3ppmなどと、同じ農薬でも食品によって基準値は大きく異なる。蜂蜜で検出された0・01〜0・05ppmの濃度は、大豆や牛肉なら、そのまま流通する合格の数値である。イミダクロプリドの各食品の基準値を調べてみたら、0・01ppmという下限値が設定されている食品はなかった。つまり、今度の検出は、他の食品なら、すべて合格の数値だったのである。

もちろん、こういう肝心な解説は記事には出てこない。

ネオニコ系農薬は7種類

国内で使用登録されているネオニコチノイド系農薬はアセタミプリド、クロチアニジン、ジノテフラン、イミダクロプリド、チアメトキサム、チアクロプリド、ニテンピラムの7種類ある。本当にややこしいが、蜂蜜に基準値が設定されているのは、ネオニコチノイド系農薬ではアセタミプリドだけだ（フィプロニルを広くネオニコチノイド系農薬と見る学者もいるが、ここでは除外）。共同通信の記事では、「蜂蜜は、ネオニコチノイド系農薬の残留基準が定められていない」とあるが、これは完全な間違いだ。

ちなみに、アセタミプリドの蜂蜜の残留基準値は0・2ppmである。今回、検出されたイミダクロプリドの0・01〜0・05ppmを、アセタミプリドの基準値に適用してみると違反ではなく、そのまま流通できる数値だったのが分かる。

検査は予備的なスクリーニング

とはいえ、市販の蜂蜜でも一律基準を超えているケースがあるため、「今度の調査結果は、国の食品行政に大きな問題提起となるのか」と亀田氏に質問すると、「今度の調査は、ELISA（エライザ）法で分析したもので、予備的なスクリーニングです。国で定められた分析法は、液体クロマトグラフィー質量分析法です。今回の測定結果で基準を超えているからといって、すぐに販売禁止措置がとられるわけではなく、すぐに行政に反映されるものでもない」との答えが返ってきた。

もちろん、ＥＬＩＳＡ法でも目安としては十分に信頼できるものだが、予備的なスクリーニングという正確な記述は、記事のどこにも書いていない。

しかも、今度の調査結果は学会では研究速報という形で発表されたものの、当時はまだ科学論文にはなっていない。論文になっているかどうかは重要であるが、記事では触れていない。この種の記事では、査読付の科学誌に載ったかどうかを伝えることは必須だろう。

ミツバチには無視できないリスク

「研究の主な狙いは何か」と聞いた。ミツバチの成虫や幼虫、さなぎなどにネオニコチノイド系農薬がどれくらい蓄積し、繁殖にどう影響するかを調べることだ。また、どんな農薬をどのように使えば、生態系への影響を小さくできるかを探るのも目的のひとつだという。成虫では半数の動物が死ぬとされる「ＬＤ50」（半数致死量）を超えて検出された農薬も確かにあった。

共同通信の記事の中の「農薬によっては48時間でミツバチの半数が死ぬとされる濃度を超えていた」とあるのは、クロチアニジンとイミダクロプリドだった。同じネオニコチノイド系農薬でも、半数致死量の数値は、かたや１匹あたり４ナノグラム（クロチアニジン）と低い４種が横並び、かたや最大は１万４５３０ナノグラム（アセタミプリドで、これは72時間で半分が死ぬ量）とあまりにも差が大きい。ジノテフランは少量でも影響が大きい8ナノグラムだ。

そういう意味では、今回の研究調査は、ヒトへの健康影響よりもむしろ、蜂蜜しか食べないミツバチの生存にとって無視できないリスクをもたらす農薬が散布されているという事実を浮かび上がらせたところに意義がありそうだ。

「ネオニコチノイド系農薬は禁止すべきか」と尋ねると、亀田氏は「西欧でも7種すべてが禁止ではなく、国によっても禁止の度合いは異なる。以前の有機リン系農薬に逆もどりしたら、ヒトへの健康リスクはむしろ高くなってしまう可能性がある。使うのなら、農業生産、食物の安全性、生態系への影響を考慮した賢い使い方を探る必要がありますね」と答えた。

ミツバチや蜂蜜に残留するネオニコチノイド系農薬の調査は過去にもある。今度の調査で新しく分かったことは、さなぎにも残留していることくらいだという。

私なら、共同通信のような記事は絶対に書かない。

しかし、ああいう形で軽はずみに記事にする記者が現にいるということだ。私の体験では、共同通信社の中には、ネオニコ農薬と聞いただけで反射的にネガティブな記事を書くタイプの記者がいるという印象をもっている。

中日新聞は8月28日の夕刊で共同通信の記事を載せた。デスクや編集担当者は読んでみて、

写真3-2　共同通信が配信したＭＯＸ燃料再処理断念の記事は誤報だった（写真は中日新聞の２０１８年９月３日付け記事）

説明すべきことがちゃんと書かれていない点を見抜けなかったのだろうか。おそらく「ネオニコチノイド系農薬で蜂が死ぬ」という話にすぐに飛びついたのだろう。福島の原発事故以降、中日新聞はそういう単純な反科学的な体質をもってしまったから、その背景は分かるが、それにしても、そこに深い科学的な知識の裏付けは感じられない。

毎日新聞の担当者は、新しいデータがなく、分析法も不明で記事の説明が不正確だと判断し、掲載を見送った。

共同通信が配信した記事でも、それを採用する新聞社と採用しない新聞社がある。そういう裏の事情は、読者には全く伝わらない。この点も、メディアチェック活動の今後の課題である。（写真３—２）

この記事で最大の被害者は、中日新聞を読んで信じてしまった読者である。こういうケースに対して、「あの中日新聞の記事は半フェイクです」という記事を、他紙があえて載せてくれれば、とても有益な情報になるが、残念ながら、他社の間違った記事に対して、「あれは間違いです」という記事を載せる新聞社は存在しない。残念至極である。

この農薬の記事に限らず、共同通信社の誤報はたびたびある。

　最近の最悪の例は「ＭＯＸ再処理を断念　電力10社　巨額費用の確保困難」との大きな見出しで報じた記事（２０１８年9月3日付け。写真は中日新聞の例）だった。ＭＯＸ燃料は、原子力発電所で使い終わった燃料の中に残っているプルトニウムやウランを再処理してつくった燃料のこと。共同通信社は「巨額の費用がかかり、再処理を断念した」と報じたが、そんな事実は全くなかった。電力会社はちゃんと処理費用を認可法人「使用済燃料再処理機構」に拠出していた。

　この報道をめぐっては、世耕弘成経産相が記者会見で何度も「誤報」と断じ、会見に来た記者にも訂正を求めていた。しかし、共同通信社は訂正に一切応じていない。この問題を詳しく報じたのは産経新聞だけで、他の主要紙はこの経過を伝えていない。

　共同通信の誤報は、そのニュースを買っている地方紙の多くに大きく掲載された。これが誤報だったことを知る読者は、おそらくほとんどいないのではと思う。その責任は相当に重いが、共同通信社は自らの非を認めようとしない。

　間違ったら訂正する。この当たり前のことをやらない共同通信社は報道機関として失格である。唯一の救いは、産経新聞が世耕経産相の会見の模様を詳しく伝えたことだ。産経新聞は朝日新聞の一面的なニュースにしばしばかみつくが、これはとても健全である。他紙の間違い（誤報や偏った記事）を知る上で産経新聞の価値が高いことはたびたび目撃してきた。沖縄の基地問題でも産経新聞しか報じないニュースがたびたびある。

新聞社同士がお互いに間違いを指摘し合ってくれたら、紙媒体の新聞を購読する意義は高いが、残念ながら、いまのところ、新聞の誤報を知る手段は産経新聞のような特殊な例を除き、ほとんどないに等しい。

共同通信社はニュースを配信するだけで、自らは紙媒体をもっていない。地方新聞のニュースの大半は共同通信社の配信記事で埋められている。そのことを考えると共同通信社のたびたびの誤報はとてつもなく重大な問題だ。地方新聞はもっと共同通信社の配信記事を疑ってかかるべきだろう。そして、誤報だと分かったら、自ら誠実に訂正を載せるべきだろう。

どの新聞社もこれからも生き残っていかねばならない。そういう他紙の間違いを指摘する新聞があれば、私なら間違いなく購読する。身の周りのニュースで、どれがフェイクニュース（バイアス記事も含め）かが分かる新聞なら、もっと信頼されるだろう。

◎トンデモ報道になるバイアス要因

①週刊誌は基本的に正確な情報を届けようとしていない。

②週刊誌は売れるかどうかを中心に記事をつくる。

③週刊誌はそもそも少しくらい間違っても許されるとの意識が買う側にもある。
④週刊誌はどちらかといえば極端な人たちの考えを好む。
⑤東京新聞や共同通信社には特にネオニコチノイド系農薬を敵視する記者がいる。
⑥記者の価値観と市民団体への共感が同調するとバイアスは増幅する。
⑦記者の言いたいことはあらかじめ決まっており、それに沿って取材する。
⑧記者が共感する取材相手だと、相手の言い分をそのまま載せ、裏付け取材を怠る。
⑨原稿をチェックするデスク格の記者の科学的知識は総じて低い。
⑩誤報を指摘されても訂正に応じないメディアが多い。

第四章 メディアの「リスク報道」と安全・安心の科学

「何々が危ない」といったリスクに関する報道はなぜか、どの新聞も雑誌もテレビも、常にセンセーショナルになりがちだ。なぜ、そうなるのか。その正体を求めて、ずっと考えてきた。その結果、メディアに共通するひとつの共通点を発見した。それは何か。

なぜ報道のスタンスは不変なのか

センセーショナルな例題を出せば分かりやすいだろう。たとえば、

「母乳からダイオキシンが検出されました」

「（豊洲市場の）地下水から発がん性物質が見つかりました」

「輸入農産物から、残留農薬が検出されました」

「福島沖の魚から、放射性セシウムが見つかりました」

何かしら、世の中で危ないとされている化学物質が食品などから検出されると、ニュースになりやすい。しかし、危ない化学物質が見つかったという事実だけで、果たして人の健康に悪影響を及ぼすという意味で「危ない」ことになるのだろうか。

少し考えてみれば分かるとおり、身の周りには危ないものはたくさんある。食中毒や死亡を引き起こす細菌の病原性O157やノロウイルス、発がん性のある紫外線やアルコール、毒をもったフグ、毒のあるスイセン（植物）、窒息死をもたらす餅やミニトマト、毒キノコなど、

怖いもの、危ないものは数え切れないほどある。

ところが、

「毒キノコが住宅近くの山で見つかりました」

「毒をもったフグが海にいます（海で見つかりました）」

「毒のあるスイセンが人家の近くで見つかりました」

「発がん性のあるアルコールがスーパーで売られています」

「乳幼児に窒息死をもたらす恐れのあるミニトマトが売られています」

などといった記事（ニュース）を記者たちが書くことはまずない。

化学物質もウイルスも毒キノコも、人の健康を脅かす。どちらも、危ないもの、怖いものに変わりないのに、なぜか、ニュースになりやすいのは合成の化学物質である。

私は44年間、記者をやってきた。事件や災害も含め、いろいろな報道に携わってきたが、農薬や食品添加物、放射線、遺伝子組み換え作物などに関する報道のスタイル、記事の書き方は、この40年間、全く変わっていないことに気づいた。

戦後の70年間を振り返ってみれば、だれしも認めるように、食品に関するリスク（健康被害をもたらす可能性）は確実に下がってきた。市民運動の成果や政府による各種規制、企業努力のおかげで農薬の毒性は低下してきたし、危険性の高い食品添加物は排除されてきた。

もはやスーパーに行って、「これは健康被害をもたらす食品です」と言えるような食品は売っていない。

図4-1　リスク比較のイメージ図

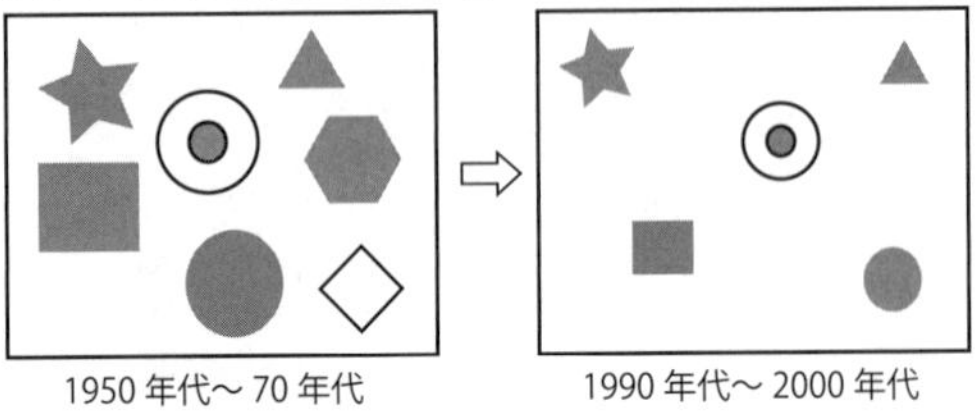

※各種記号の面積はリスクの大きさを表す。
危害要因自体は昔も今も存在するが、メディアは面積の大小にはあまり注目しない。

つまり、現実に流通している生鮮品や加工食品に含まれる化学物質の悪影響は、よほど偏った食生活をしない限り、ほぼゼロに近いと言ってよいくらいにリスクは下がってきた。しかし、農薬や食品添加物自体がなくなったわけではない。

農薬自体がなくなったわけではないが、そのリスクは相当に低下してきたというのが現状だが、そのイメージを視覚的に理解できるようイラスト（図4―1）を描いてみた。星印（★）や丸印（○）、三角印（▽）は農薬や添加物などいろいろな危害要因を表す。★印や○印の大きさは、リスクの大きさを表す。★印が小さくなったということは、リスクが低下したという意味だ。このイメージ図を見れば分かる通り、1990年代～2000年以降、一つひとつのリスクの大きさは、1950～70年代に比べて、格段に小さくなっている。

しかし、このことは、危ないものや怖いものが消えてなくなったわけではない。いまも昔も、農薬は畑や水田で使われ、家庭の園芸でも使われている。食品添加物も多くの加工食品に使われている。それでいて、リスクが下がったということは、何を意味するのだろうか。

別の言い方をすると、農薬や食品添加物などの危害要因自体はいまも昔もちゃんと存在しているが、それらが人の健康に及ぼす悪影響は、使用基準の設定や使用禁止（より毒性の低い農薬の登場なども含む）などで低くなってきたということを意味する。

危害要因が存在することと、それが実際に人の健康に悪影響を及ぼすかどうかは、実は、全く別の問題であることに気づく。

過去の報道は「ハザード報道」（怖いもの報道）

とすれば、つまり、健康への悪影響（健康リスク）が下がっていれば、センセーショナルな報道は減ってきてもよさそうだし、その書きぶりも変わってきてもよさそうなのに、全く変わっていないのである。最近の週刊誌の報道を見れば、それが見てとれる。

これは、記者たちが危害要因が存在することと、それによって生じる健康リスクを明確に区別せずにニュースを流しているからだ。

危害要因が存在することを科学的な専門用語で「ハザード」という。潜在的な危険性とか潜在的な危害要因とか、単に危険とか日本語訳はいろいろあるが、要するに「怖いもの」「危ないもの」と覚えておけばよい。

しかし、たとえ怖いもの、危ないものが身の周りにあっても、それが人の体内に摂取されなければ、人の健康への悪影響はゼロである。たばこに発がん性があっても、吸わない人にとっては、たばこのリスクはゼロだ（ここでは受動喫煙は考慮に入れない）といえば、分かりやすいだろう。

危ないものがあることと、実際に危ないかどうかの間には、雲泥の差がある。

このことを再び具体的な例で説明しよう。

東京・築地市場の移転で問題になった豊洲市場の地下水から、発がん性のベンゼンが検出されたというニュースがあった。その地下水は飲み水ではない。地下水から揮発するベンゼンの量はごく微量あるだろうが、人に危害を与える量ではない。となれば、そのことを指して、「本当に危ない」（これはヤバイ）とは言わないはずだ。ベンゼンが存在していても、ちゃんと管理されていて、人の体内に入る心配がないのであれば、健康リスクがあるとはいえない。

それにもかかわらず、記者たちはベンゼンが基準を超えて検出されたということ自体を大げさに伝えた。最初のころは、小池知事の「安心」を強調する戦略に記者たちが乗せられたせいか、東京都庁の記者たちは競って、さも危ないかのようなニュースを盛んに流した。べンゼンやシアン化合物が存在したというだけでニュースをつくっていたのである。

ベンゼンの検出自体が危ないというなら、車の排気ガスからもベンゼンは検出されるので、車が走る限り、危ないということになってしまう。そういうことには記者たちは気づかない。

これまでの説明でお分かりのように、危害要因（怖いもの）があったということだけで、ニュースを流す報道を、私は「ハザード報道」と呼びたい。もっとくだけた表現で言えば、「怖いもの報道」である。

週刊誌がよく取り上げる報道は、この種の「怖いもの報道」のオンパレードである。とりたてて現実のリスクがなくても、大きなニュースになるのは、「怖い化学物質が見つかった。存在する」というハザードに着目するからだ。ハザード（怖いもの）は消えてなくなることはないので、大げさなハザード報道はこの先も永遠になくならないだろう。

この考え方で、戦後70年間のリスク報道を振り返ると、記者たちがいつも書いてきたのは「怖いもの報道」だったことが分かるはずだ。実際に健康リスクがないにもかかわらず、それが存在するだけで「何々が危ない」と書いてきたわけだ。

この「怖いもの報道」は、農薬や食品添加物のほか、発がん性の化学物質でよく見られるが、どういうわけか、自然界にある他の危害要因だと、こうした錯覚は見られない。

たとえば、毒をもったフグや狂暴なライオンはどうだろう。

フグは人を殺す毒をもっており、海を泳いでいる。しかもスーパーで販売されている。しかし、どの記者も「毒をもったフグが販売されているのはおかしい。海に毒フグがいる」という記事を書かない。

なぜだろうか。

毒をもったフグでも、毒の多い肝臓や卵が除去されていれば、安全だと知っているからだ。また海に泳いでいるフグをそのまま食べる人がいないことを知っているからだ。つまり、「怖いもの」でも、人の手でしっかりと管理されていれば、人への危害、つまり、リスクはゼロになるということを知っているからだ（実はフグ毒は血液中や筋肉にもごく微量あり、実際は肝臓や卵を除去しても、リスクはゼロではなく、人の健康に影響するほど毒素が残っていないというだけの話だが・・）。

ライオンも人を襲う怖い動物で怖い存在だ。しかし、どの記者も「ライオンがいる。危ない」というニュースを報じない。どう猛なライオンでも、檻に入れて管理していれば、ライオンが人を襲うことはないと知っているからだ。檻から逃げたライオンを見て初めて、「危ないから（リスクがあるから）気をつけて」というニュースを流す。

ライオン自体にハザード（危害要因）はあっても、管理された状態にいるライオンなら、人へのリスクはゼロだというくらいは小学生でも分かる論理だ。

ところが、化学物質となると、記者たちはフグやライオンで分かるはずの論理が理解できなくなるようだ。

アルコールは発がん性分類で「グループ1」

しかし、これがアルコールや紫外線だと理解できるのではないか。

アルコールはれっきとした発がん性物質である。国際がん研究機関（ＩＡＲＣ）はアルコールを発がん性の分類で「グループ１」（発がん性の証拠が十分にそろっているという意味でグループ１。リスクが最も高いという意味ではない）にしている。グループ１の仲間には、ダイオキシン、放射線、太陽光線、ヒ素、カドミウムがある。最近はハム・ソーセージのような加工肉がグループ１に加わった。

このグループ１は、危害要因（ハザード）として、危ない証拠が十分にそろっているという意味である。だから、ダイオキシンとアルコールとハム・ソーセージが同じ仲間扱いになっている。

しかし、どの記者も「ビールや日本酒は発がん性があり、危ない。スーパーで販売されているのは問題」とは書かない。適度に飲んでいれば、つまり過剰に摂取しなければ、がんになるリスクは低い（最近、ごく少ない量でも死亡リスクは上がるという論文も出たが）ということを知っているからだ。「アルコールの摂取は20歳以下」という法的規制があるのは、健康へのリスクを減らすためだということも知っているだろう。

そうならば、米に含まれるヒ素もカドミウムも、母乳に含まれるダイオキシンも同じはずだ。ごく微量なら、問題はないわけだ。

人の健康に影響するかどうかは、政府の規制も重要だが、各個人が体内にできるだけ摂取しないようにすれば、つまり個人で上手に管理すれば、健康へのリスクは下げられるということをぜひ知っておきたい。

言い換えると、リスクの大きさは、ハザード×管理・規制状況（人の体内への摂取頻度や体にふれる頻度など）で決まる（図4―2参照）。

アルコールや紫外線は、確かに怖いもの、危ないものだが、適度に飲んだり、飲まなければ、リスクはゼロになる。

しかし、不思議にも、どういうわけか、記者たちは農薬や食品添加物、放射線のような話になると、途端にハザード（怖いもの）とリスク（実際の健康影響）を混同して、報道する傾向がある。アル

図 4-2　リスクの大きさ

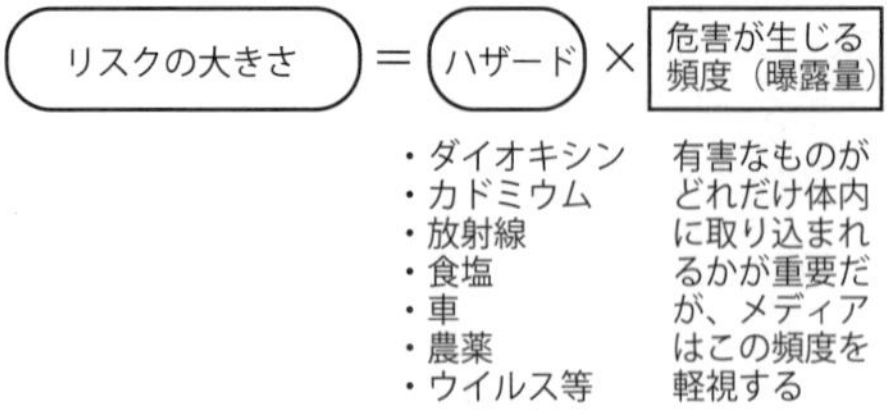

コールだと「危ない」と書かないのに、食品添加物だと「危ない」と書いてしまうのだ。記者（特に社会部記者）は、農薬という文字を目にすると、まるでロボットのように機械的に「危ないものです」と反応するようにつくられているかのようだ。

報道するにあたって大事なのは、それが危険なものかどうかではない。危ないものがちゃんと規制されているか、人の体内に過剰に摂取されているかどうかを調べて書くことである。「怖いもの」が存在しているからといって、現実に人への危害があるわけではない。

動物実験で毒性があったという事実があっても驚いてはいけない。そもそも動物実験は毒性が現れるまで毒物を投与して、半数致死量（半分の動物が死ぬ量）や急性毒性を調べたりするものだ。動物実験で何か毒性があったとしても、それは人へのリスクとは直接には結びつかないということも、意外に記者たちは知らない。ウサギに2グラムという大量の添加物を与えたら死んだという実験結果が出ても、それで分かるのは添加物のハザード（危害要因）であり、人への健康リスクとは関係ないということだ。

実際に人に危害があるかどうかは、どのような管理、どのような規制、それがどれくらい体内に摂取されるかなどいろいろな要因で決まる。それは食塩だって、しょう油だって同じだ。量によっては、塩でも水でも毒になるわけだ。

こうして見てくると、これまでによく見られたセンセーショナルな報道は、実際に人への影響の度合いを分析したリスク報道ではなく、「こんな怖いものがあります」というだけのハザード報道だったのである。

農薬でいえば、戦後70年間、日本はさまざまな規制をかけて、農薬などを管理してきた。その結果、農薬の実際のリスクは使用段階では低くなってきたということだ。にもかかわらず、わずかな農薬が食品から見つかっただけで大きなニュースになっていることがいまもある。記者が農薬で警告すべきことは、適切な使用管理が行われず、実際に健康リスクが大きかった場合だ。農産物からわずかながら基準値を超えて農薬が検出されたということは、農家が使用基準を守らなかったということであり（意図的な農薬混入犯罪は別）、健康への影響があるという意味ではない。

それさえ知っておけば、センセーショナルなニュースにならないはずだが、記者たちの思考回路はどうも「農薬＝悪（または危険）」という図式がインプットされているようだ。

本当のリスク報道とは何か

そのうえ、メディアは一般的に言って、リスクの大きさ自体よりも、企業の不手際を重視する。人への健康リスクがなくても、現場からトップへの情報伝達が遅かったというだけで、さもリスクがあるかのようなニュースになってしまうケースが多々ある。

その逆に、メディアは「怖いもの」に着目するので、管理がしっかりとなされていても、農薬が見つかっただけでニュースにする。

こういう報道のスタンスはずっと変わっていない。農薬はそもそも「怖いもの」である。だから、50年前も、いまも、「農薬が検出された。危ない」というニュースが延々と続いてきたのである。

イラストで描いたイメージ図で言えば、50年前もいまも、ハザード（怖いもの）自体は存在するので、いくらリスクは小さくなっても、ハザードに着目して危険性を煽る報道はなくならないという構図が続く。

この観点から見ると、記者の思考に進歩は全くない。記者たちは新聞社やテレビ局に入社した後、科学的な知識を学ぶ研修を受けていないことを、読者は知っておくべきだろう。食品添加物や農薬に反対する市民運動にも進歩はない。延々と怖いものがあると言っているだけである。

リスクを報じるからには、リスクが小さいか大きいかを説明するのは絶対要件だ。そのうえで、なぜリスクが大きいのか小さいのかを説明するのがよい記事の条件となる。

では、どうしたらよいか。

記者たちに対して、

「ハザード報道（怖いもの報道）とリスク報道（健康リスクの大小を説明する報道）を区別して、記事を書いてください」

と伝えることだ。

怖いものがあっても、現実に健康被害が予想されなければ、警鐘を鳴らす意味でのリスク報道は成り立たない。もしリスクが予想される場合には、どんな条件があるときにリスクが高くなったり低くなったりするかを記事にしてほしいということをメディア側に地道に伝えていくことが必要だろう。

米国のおかしな裁判判決

ハザードとリスクを混同するのは、記者だけではないようだ。

2018年4月、米国カリフォルニア州の裁判所が「コーヒーから、発がん性物質のアクリルアミドが検出される。それを警告表示すべきだ」との判決があったというニュースが流れた。もともと裁判官は一般的に言って、科学的なリスクを見極める能力に欠けていると個人的に思っているが、コーヒーに発がん性物質が含まれるということ自体が問題になるならば、そのアクリルアミドはポテトチップスやトースト（自宅でも外食でも同じ）、かりんとう、タマネギの炒め物など大半の食品にも含まれるので、さまざまな食品に「アクリルアミドが含まれます」という警告表示が必要になってしまう。

ついでにいえば、私たち日本人が毎日、食べているコメにも発がん性物質のヒ素やカドミウムが含まれる。むしろコーヒーのアクリルアミドよりも、コメのヒ素やカドミウムの発がん性のリスクのほうが高いので、コメにも警告表示が必要になる。

この米国の裁判所は、カリフォルニア州独特の特殊な情報開示という法的な視点が加わっているものの、ハザード（危害要因）と実際のリスクを混同している実におかしな判決といえよう。危ないものがわずかに含まれているからといって、健康への影響（リスク）があるとは限らないという事実は、科学の世界では当たり前のことだが、裁判官の思考は科学とは異なるようだ。

記者に限らず、世の中に広く、ハザード（危ないもの）とリスク（危ないものが本当に健康影響をもたらす可能性）は異なるんだという考えが伝わるとよい。

そうはいっても、世の中は科学者の考える安全かどうかでは動かず、市民が安全だと思うかどうかで動くという要素も強い。3章の「神戸新聞の組み換え作物報道」で見たように、健康リスクがなくても、市民団体が「危ない」といえば、オウム返しに「危ない」と書く記者がいる間は、センセーショナルな扇動ニュースはなくならない。

つまり、市民の感情が世の中を動かす動因となっている間は、記者もまた感情に動かされる。大衆の感情が嵐のように渦巻くポピュリズムと似た構造がリスク報道にも生まれるわけだ。

豊洲移転問題での社会部記者の報道力

それもこれも、結局は、記者がしっかりした科学的なリスク観をもっているかどうかにかかっている。

では、化学物質のリスクを科学的に分かりやすく、どう伝えたらよいか。

これは、メディア報道での永遠のテーマだが、東京の築地市場の豊洲移転問題を見ていて、科学的な情報をタイミングよく記者たちに提供する「科学者たちのネットワーク」がいかに重要かを痛感した。

化学物質の報道でまず心得ておくべきことは、新聞社で事件や事故などを追いかける社会部の記者たちの科学知識は、中学生程度のレベルだということだ。つまり、平均的な一般市民のレベルと大して変わらない。猛毒のシアンと聞いただけで「危ない」と素朴に反応する市民と同じような存在が社会部記者と考えたほうがよい。もちろん事件報道では有能なのだろうが、こと理科的なレベルでの話だ。

その実例を紹介しよう。

２０１６年９月、築地市場の豊洲移転問題でベンゼンなど化学物質のリスクが大きな問題になった。東京都議会の公明党が発表した「シアン化合物検出」という公表に対して、記者たちの報道は混乱を極めた。主要５紙（毎日、朝日、読売、産経、日経）を読み比べてみたら、解説的な内容がみな微妙に異なるのだ。

たとえば、毎日新聞（社会面）＝「採取した水１リットル当たり０・１ミリグラムのシアン化合物が検出された。（これは）検出できる最低値。環境基準は『検出されないこと』と定めている。・・・」。

つまり、環境基準は「検出されないこと」と定めているのに、０・１ｐｐｍ（１リットルあたり０・１ミリグラム）のシアン化合物が検出されたという内容だ。

読売新聞（社会面）はどうか。

「環境基準を超える１リットルあたり０・１ミリグラムのシアン化合物が検出された。環境基準は『不検出』で、０・１ミリグラム未満は『不検出』とみなされる。都と共産党の調査では検出されず、公明党は『改めて専門家による調査をしてもらう必要がある』としている」。

再調査が必要と書いているが、なぜ必要かの解説が足りない。ただ内容は毎日新聞とはかなり異なる。

朝日新聞（社会面）はどうか。

「環境基準では不検出であるべきシアン化合物が1リットルあたり0・1ミリグラム検出された。……畑明郎・元大阪市立大大学院教授は『猛毒のシアン化合物が検出されたことは極めて重大だ……』」。

環境基準は不検出なのに、0・1ppmが検出されたのは極めて重大だとかなり危険性を煽った記事となっている。

産経新聞（社会面）は「環境基準は『不検出』だが、1リットルあたり0・1ミリグラムが出た。専門家による正式な調査ではないが、都に詳しい調査を求めたい」と伝え、日本経済新聞には「シアン化合物は強い毒性があり、金属の精錬などに使われる」という記述もあった。

いったいどの新聞の解説が科学的に正確なのか、いま読んだみなさんもよく理解できないのではと思う。

どの新聞にも共通しているのは、環境基準では「検出されないこと」となっているのに、0・1ppmのシアン化合物が検出されたという意味の解説不足だ。しかも、新聞を読む限り、そもそも「検出されないこと（不検出）」の意味がよく理解できない。

多くの記者たちは、「検出されないこと」の意味を「検出ゼロ」と勘違いしたに違いない。しかし、測定する以上、どれくらいの精度まで検出できるかという下限値があるはずだ。国が環境基準を定めるからには、仮に文言で「検出されないこと」と表記してあっても、検出限界の数値が書いてあるはずだ。それを記者たちが知っていて、検出された数値が検出限界に比べて、どれくらい高いか低いかを解説してくれればよいのに、そういう解説はほとんどなかった。

安井至氏の「市民のための環境学ガイド」

私自身も、どう解釈したらよいか迷っていたところ、化学が専門の安井至・東京大学名誉教授のウェブサイト「市民のための環境学ガイド」を見て腑に落ちた。解説は以下のような内容（一部要約）だった。

「環境基準がどのような科学的理由で決まっているかを調べましょう。以下のサイト（環境省）を読めば、検出されないことは、定量限界0・1mg／L（筆者注＝1リットルあたり0・1ミリグラムのこと）とある。測定器はその気になれば、分析精度が非常に高いものがあります。しかし、野外に簡単に持ち運べる器機を使えば、つまり、定量限界が0・1ミリグラム程度の測定器では、『検出されない』ことになっているのです。朝日新聞によれば、0・1ミリグラムが検出されたと書かれているが、これは定量限界と同じ値なので、検出されたとするか、検出できなかったとするか、その境界線である定量限界と同じ値であったと書くべきなのです。なぜ、そう書かなかったのか。そう書いたら、『安全な値ではないか』と思うのが普通だからです……」（こちらで要約したもの）。

つまり、0・1ppmの検出は、定量限界値すれすれなので、基準を超えたと言えるほどのリスクではないということだ。

そうした正確なニュアンスが新聞記事からは全く読み取れない。記者たちが「検出されないこと」の意味を正確に伝えなかったからだ。

その後、ヒ素やベンゼンが環境基準をわずかに超えて検出されたときにも、再び大きなニュースになった。このときの論調は「健康影響はない」という内容と「豊洲市場の安全性に新たな疑義を突きつけるもの」（9月30日の読売新聞）に分かれた。どう見ても、地下水からヒ素などがわずかに検出され、それが空気中に揮発して人が吸ったとしても、その量は微々たるもので、食の安全問題には全く直結しないと思うが、ヒ素などに関する的確な科学的解説は見当たらなかった。

私たちが毎日食べているコメには0・1ppm程度のヒ素（発がん性物質）が含まれている。そのほうがよほど健康リスクは高いという科学者は多いが、そういう客観的なコメのリスクと比べるような解説もなかった。

「地下水から検出されたヒ素のリスクよりも、日本人が毎日食べているコメのヒ素のリスクのほうがよほど高いことを知ってください」

と、だれかが声を大にして言うべきだったのである。

見るに見かねた私は、毎日新聞の「なるほドリ」という解説コーナーに「今度の検出量は食の安全の問題ではない。法的にも何の問題もない」という記事を出稿した。少し時間をおいて掲載された。「そうだったのか」という声もあり、書いた意義はあったが、あの騒ぎの中でやはり科学者がもっとタイミングよくアクションを起こすべきだと私は思った。アクションを起こせば、記者たちは気づくからだ。

記者向けに「科学者のリスト」を用意しよう

築地市場の移転ニュースの新聞記事を読んで、以下のようなことに気づいた。

①記者たち（特に社会部や政治部）は化学物質のリスクをよく理解していない

②どの新聞を見ても、なぜか同じ顔ぶれの学者のコメントばかりが出てくる。

③日本の食の番人でもあり、リスク評価のプロでもある食品安全委員会の委員長は、こういうときこそ出番だと思うが、何のメッセージも出さなかった（記者会見をすぐに開いて、本当に食の安全の問題かを解説すべきだった）。

④伊藤ハム事件（２００８年12月、千葉県柏市の伊藤ハムの工場で使用された地下水からシアン化合物が検出された）のときにも地下水のシアン化合物が問題になったが、そのとき

の報道の失敗の教訓が全く生かされていない（化学物質のリスク報道は全く進歩していない）。

ではどうすればよいか。

社会部の記者たちが的確な科学的解説を書けない背景には、化学物質のリスクをどの学者に聞いたらよいか分からないという事情がある。そのためには、あらかじめ記者たちにいろいろな分野ごとに詳しい「科学者のリスト」（有害金属のリスクならＡ教授、遺伝子組み換え作物ならＢ教授といった具合に）を渡しておくとよい。

このリスト作りが私の提案だ。自分の経験から言って、この種の問題が起きたときに、どの科学者に話を聞けば、科学的なリスクの解説が正しく聞けるかが意外に分からない。新聞やテレビに登場する学者が特定の２～３人に集中するのは、そのほうが取材しやすいからだ。いったん新聞記事やテレビに登場した学者なら、電話でも答えてくれるだろうという勘が働くからだ。限られた時間の中でコメント欲しさに学者を探すのは簡単ではない。

そういう意味で、同じ分野でも複数の科学者リストが記者の手元にあれば、記者たちは間違いなく、そのリストを活用するはずだ。

ＮＰＯ法人「くらしとバイオプラザ21」（東京）がかつて、記者向けに冊子「メディアの方に知っていただきたいこと」（農薬や食品添加物、遺伝子組み換え作物など）をつくった。これは記者たちが知っておくべき基本知識を解説したもので、学者のリストは載っていない。

いろいろな分野での科学者リストをつくれば、間違いなく活用されるだろう。もし、そういうリストの冊子があれば、私自身が活用するだろうから、有用性は間違いない。

専門家と記者のリスク観の相違

リスク報道でつくづく感じるのは、科学の専門家と記者のリスク観は相当に異なるという事実だ。

専門家は、リスクの大きさを、危ないことがどれくらいの頻度で起きるかという思考で考える。つまり、リスク＝ハザード×良くないことの起きる頻度（体内摂取量、ばくろ量）と考える。この考え方だと、アルコールのリスクと農薬のリスクが同列に論じられる。どちらのリスクが高いかは、それらの毒性の強さとともに、現実に人々がどれくらいアルコールや農薬に接しているかに左右される。アルコール依存症になる人が多く発生するということであれば、農薬よりもアルコールの規制がまず必要になる。アルコールを規制することで助かる生命が増えるならば、農薬よりもアルコールのリスクを重く見るという具合だ。

これは言ってみれば、集団または国家の視点から、リスクがどれくらい大きいかを見た場合のリスク観である。しかし、メディア（といっても、実はいろいろな思想、価値観の記者はいるだろうが）の思考法は、そうではない。

メディアはどちらかといえば、国家的な見地よりも、個人個人の不幸や悲惨さを通して、リスクを報じる。

なかでも、何か重大な事故や事件があった場合には、科学者と記者のリスク観は鮮明に差が生じる。

たとえば、原発事故が起きたり、ＨＰＶワクチン（子宮頸がんなどを予防するワクチン）の副作用が発生したり、未承認の遺伝子組み換え作物が発見されたり、地下水から発がん性のシアン化合物などが見つかったりした場合、記者たちは、どちらかといえば、安全（科学的なリスクの大きさ）よりも、感情を伴う不安や疑問（被害にあった市民の気持ちや企業の情報管理不足など）を重視する。リスクの大きさよりも、だれが悪いのか、政府は何をしているのかといったマイナス面に着目する（図4―3）。

大企業の管理ミスや情報隠しなど人為的な要素を重視して、批判のターゲットを見つけていくのが記者の仕事となる。

リスクが無視できるほど低い場合であっても、つまり、専門家が客観的に安全だという状況にあっても、ある特定の企業に対策の怠りが見えたり、管理上の失敗があれば、あたかも健康リスクがあるかのように追及していく。

図 4-3　記者たちのリスク観

記者たちのリスク観＝ リスクの大きさ × （・被害者の気持ち　・市民の不安　・政府の政策ミス　・巨大企業の支配　・米国の圧力　・基準値違反　等）

その追及のなかで、「不安」や「安心できない状態」「風評被害」が市民の間につくりだされていく。

記者たちのスタンスはいつも同じだ。企業と市民、医師と患者の間で何か問題があれば、記者たちはまず市民や患者の側につく。それが記者のDNAだし、またそうするよう教育される。この思考法だと、攻撃する敵がいないケースだと、たとえリスクが大きくても、あまりニュースは大きくならない。病原菌やウイルスで人が死んでも、あまり大きなニュースにならないのは、責める相手がいないからだ。

たとえば、子宮頸がんで毎年約3000人の女性が死んでも、その犯人が自然界にいるウイルスとあっては、それは「自然現象だからやむを得ない」といった感覚になり、あまり大きなニュースにはならない。現になっていない。

これに対し、子宮頸がんを防ぐワクチンで副作用が起きた場合は、ワクチンを製造した大企業やそれを認めた国（権力）という攻撃のターゲットがはっきりしている。副作用で苦しむ被害者もいる。責める相手と救いたい人の両方が存在すれば、共感を呼ぶ物語を好むニュース記者のパズルにはもってこいの素材になる。

なぜメディアは市民に弱いのか

では、なぜ、そういう構造になってしまうのだろうか。

それは、メディアの存立条件そのものにある。

新聞もテレビも雑誌も、市民の購読（テレビは企業の広告収入に頼るが、市民の視聴率が支え）によって成り立つ産業だということだ。

憲法で言論の自由が保障されていて、一見、言論は経済的な行為とは無縁のようにみえるが、実はメディア（NHKは例外）が発信する情報は一般の商品と同様にお金で取引される商品である。お金を出すのは市民である。

市場社会ではお金がモノをいう。お金を出す側が強い。

第1章でも見たように、新聞が市民からの抗議に弱いのは、それを無視し続けると購読者が減ってしまうからだ。メディアが市民に迎合しやすいのは、選挙で政治家が市民におもねるのと似ている。政治家は市民の1票欲しさに無責任なことを口走るが、メディアは購読を維持するために、市民の要求をのむ。そして、市民の側に立つ。

市民の要望を聞くことは民主主義の基本でもあり、市民の側に立つことは民主主義を守ることにもつながる。

購読者である市民の側に立つことが、メディアの経済的な基盤を強くし、それが結果的にメディアが報道する自由を獲得するという構図になっているのが、いまの市民社会である。裏から見ると、購読者（市民）がメディアの報道の自由を支えていると言える。

いくら正論を吐いていても、購読者が減って新聞自体が消滅してしまえば、多様な言論は保障されない。そういう観点から見ても、新聞業界で言えば、毎日新聞はもちろん、産経新聞も朝日新聞も多様な言論空間を保つ上で不可欠である。

多様な言論空間を保障するには、それを支える多様な市民が必要なのである。

この問題をリスク報道の問題に移し返すと、メディアは市民の気持ちに寄り添うという形で市民の不安をニュースに取り込んでいくということだ。

多数の科学者が安全だといっていても、一定数の市民が「不安です」と騒げば、メディアはそういう市民の不安に寄り添うのである。メディアにとって重要なのは、リスクが高いか低いかというよりも、市民の不安をどれだけくみ取って報じるかである。

「専門家が安全だといっても、私たち市民は安心できません」という構図がある限り、そこに記者はニュース価値ありと判断する。

それが生き残るためのＤＮＡだからだ。

たとえば、ＨＰＶワクチン（子宮頸がんなどを予防するワクチン）と各種症状に因果関係がないと圧倒的多数の専門家が言っていても、その症状で苦しんでいる市民がいれば、まずは市民を重視するのが記者の嗅覚である。まして、そういた被害者に向かって、「因果関係はないようです。たとえ裁判を起こしても勝つ見込みは低いです」といったような報道をすることはありえない。仮に記者個人がそう思っていても、それを記事にすることはないだろう。

その意味では、メディアの論調はいつもタテマエである。世間で受け入れられるであろうと予想されるタテマエを言うしか生き残っていけない。本音を言うメディアが仮にいたとしても、おそらく多数の支持（新聞で言えば、多数の購読者。テレビでは高い視聴率）を獲得するのは難しいだろう。

少数者を大切にするというのもメディアのDNAなので、よけいに専門家は不利だ。社会科学者の中には、「たとえ間違っていても、小数派の意見を載せるのがメディアの使命である」と主張する学者がいる。確かにその通りである。いまは市民が主役の社会。専門家の判断よりも、市民全体の判断が国の行く末を決める。有罪かどうかを決めるのは専門家ではなく、市民の陪審員である。専門家の間違いは許されないが、市民の判断は間違っても許される。それが市民社会である。

そういう構造の中で各種メディアは生き残りをかけて、特ダネを追いかける。

メディアの分断はなぜ起きるか

では、その結果、何が起きるだろうか。

三つのことが起きる。

ひとつは、第1章でも述べたメディアの「自主規制」である。市民に弱いということは、市民からの抗議を恐れて、多数派の専門家の意見をニュースにしにくい「自主規制」（萎縮の気持ち）が働くことがあるという点だ。

市民への「忖度」といってもよいだろう。

その自主規制の気持ちは、ときに私個人にもあるし、メディア全体にもある。だれだって、世論から、たたかれるのがイヤなのだ。勇ましい週刊誌にしても、売れなければ、世論に従うしかない。結局、世論が一番強い。選挙と同じだ。

とはいうものの、実は、市民にもいろいろな人たちがいる。

原発賛成の市民もいれば、原発即時ゼロを求める市民もいる。

農薬は大嫌いだという市民もいれば、使い方によって農薬はとても有用だと考える市民もいる。

安倍首相の顔も見たくないという市民もいれば、安倍氏は歴代の総理の中で最高の政治家だとほめそやす市民もいる。

最近の市民の状況を見ていると、原発のあり方や安倍政権の動向をめぐって、市民同士がいがみ合うケースがよく見られる。

これがいわゆる「市民の分断」である。市民が真っ二つに分裂すると、それぞれの市民がサポートするメディアも分断される。そうなると世の中では、市民同士の情報戦が展開され、同時にメディアの中でも、メディア同士の戦いが始まる。森友・加計学園問題で朝日新聞と産経新聞が真っ二つに分かれて戦ったように、メディアの世界も分断化され、それぞれのメディアが徐々に「島宇宙」（同じスタンス、価値観を持ったものが宇宙に散在する銀河の島のように分かれて空間を作る）となってゆく。

それぞれのメディアがお好みの市民（固定的な読者層）を囲い込んで、自分のテリトリーの中で生き残ってゆく世界だ。これがいまのメディアの状況だろう。

つまり、二つ目に起きるのは。メディアの分断化（社会の分断化）と島宇宙化である。

そして、三つめに何が起きるか。

記者の自由の喪失

記者の自由の喪失である。

新聞記者でも雑誌記者でも、またテレビの記者でも、記者1人が何でも書けるわけではない。組織の一員である以上、記者はまず組織の方針、規則、カラー、社歴に縛られる。私のような記者歴40年のベテラン記者でさえ、原稿の中身は、デスクや上司などの目を通してしか世に出ない。

となると、朝日新聞の記者が産経新聞のような論調の記事を書いて出稿したところで、まず日の目を見ないということだ。朝日新聞にいる記者なら、みながみな左派リベラルというわけではない。中には読売新聞や産経新聞に近い考えの記者もいるだろう。しかし、新聞の世界が分断化されてゆくと、その社の方針に合わない記事が出にくくなるのは必至だ。

たとえば、朝日新聞と東京新聞は反原発、反安倍、反TPP（環太平洋パートナーシップ協定）などと論調が似ているが、東京新聞の中にも安倍首相を評価する記者はいる。しかし、そういう記者は自分の書きたい記事が東京新聞では書きにくくなる。この種のことは大なり小なり、昔からもあっただろうが、原発事故以降に特にひどくなった。

1章で述べたように、東京新聞の中にも、HPVワクチンの有用性をしっかりと報道すべきだという記者はいるが、その記者が、被害者団体から冷たい目で見られる医師でジャーナリストの村中璃子さんを肯定的に取り上げると、東京新聞のファン（囲い込まれた固定市民層）から猛抗議が来る。抗議が来るとメディアは委縮し、自由なジャーナリズム精神は萎えてゆく。そして、記者の自由がなくなってゆく。

毎日新聞は他紙に比べて、記者の自由度は高いと私は思っているが、それでも以前に比べると自由闊達さは減ってきている印象をもつ。毎日新聞が生き残っていくには、もっと記者の自由を尊重し、多様な見方を提供していくことだろうと思う。

毎日新聞の論調は、読売新聞に比べれば、朝日新聞と似ているが、それではミニ朝日新聞のままであり、生き残っていけないだろう。真の意味のリベラルこそが毎日新聞の生き残る道であると退社したいまも思っている。

いま新聞メディアに求められているのは、記者の自由を確保して、だれにもおもねない自主独立精神の発揮ではないだろうか。

◎リスク報道のバイアス要因

①記者の勉強不足と専門知識の欠如。
②安全よりも安心重視の報道スタンス。
③どちらかに偏ることで読者を獲得しようとするメディアの生き残り策。
④記者と専門家のリスク観の違い。
⑤記者はリスクの度合いよりもハザード（危害要因）に着目して報じやすい。
⑥記者は善と悪を決め、悪の象徴を攻撃してニュースを作る。

⑦記者に科学的情報を伝えようとしない専門家のアクション不足。
⑧専門記者を育てようとしない新聞社やテレビの悪しき伝統。
⑨新聞社内の記者の自由の喪失。
⑩記者は結論を決めてから取材し、その結論に沿った話だけを記事にする。

第五章　世の中を動かす力は何か
―「メディアのメディア」をどうつくるか―

1974年から記者生活を44年間送った。その間いろいろなリスクを報道する上で、記者たちの間で科学的な認識に基づく報道スタンスが高まったかといえば、全くそういう気配はない。政治の世界では大衆の感情に基づくポピュリズムがはやっているように、メディアの世界でも依然として、ポピュリズム的な報道が目につく。

なぜ、そうなってしまうのか。私の過去の報道を振り返りながら、エッセイふうにいまのメディアの現況（メディア・バイアスの原因）を語ってみたい。

4章でも述べたように、世の中を動かす力の源は何だろうかといつも考えてきた。記者たちが記事を書くときのスタンスに、それは現れる。

まず、つくづく感じるのは、世の中は科学者が考えるような概念の安全かどうかという機軸では動かず、市民がその安全をどう思うかで動くということだ。それを象徴的に表すのが、もはや日常的に定着した「安全・安心」という言葉である。

これは裏から見ると、市民の感情が世の中を動かすというコンセプトである。これが極まると大衆の感情が嵐のように渦巻くポピュリズムと似た構造が生まれる。

「安全」よりも「安心」が重視される社会

では、安全と安心のどちらを、メディアの記者たちは重視するのだろうか。いうまでもなく、安全と安心の両方を満足させることが理想だが、現実にはなかなか難しい。政府がどんな問題を解決するにせよ、また科学的なリスクコミュニケーションを行うにせよ、この「安全・安心」問題は避けては通れない。

そういう中で、最近、私は科学者は「安心」をもっと意識して、コミュニケーションを行うほうがよいのではと思うようになってきた。なぜか。

安全と安心は全く別物であると言われるが、本当にそうだろうか。

どの程度まで「安全」かは、動物実験やヒトの疫学調査などで科学的に説明できる。これに対し、人の感情に左右される主観的な「安心」は人それぞれであり、客観的な指標を得意とする科学の概念にはなじまない。科学が解き明かせるのは安全のほうである。これがおおかたの専門家の見解だろう。

しかし、よくよく考えてみると、それは科学者たちが一定のきまりに従って同意した概念に過ぎない。その科学者たちが決めた結果に対して、多数の市民があまねく同意したものではない。

いまの社会は「感情で動く市民」が主役である。圧倒的多数の専門家がいくら安全だと主張しても、多数の市民が「不安だ」「安心できない」と叫べば、行政機関や民間企業はそれなりの対応を取らざるを得なくなる。「無添加」をうたった商品が後を絶たないのは、民間の食品企業が安全よりも安心を重視している表れのひとつだろう。

「化学調味料　無添加」という表示がいまも多くの商品に見られるが、これは全く無意味な表示だ。化学調味料は正式には「うまみ調味料」のことで、一般にはグルタミン酸ナトリウム（ＭＳＧ）のことを指す。そもそもトマトやチーズなど一般の食品の多くにうまみ成分のグルタミン酸が含まれている。仮に「うまみ調味料　無添加」と表示されたトマトの加工食品を買っても、もともとのトマト自体からグルタミン酸を摂取することになる。トマトケチャップがうまいのはうまみ成分のせいだ。

グルタミン酸は脳内にある神経伝達物質でもある。かつて大量のグルタミン酸を摂取すると、頭痛や発汗などを伴う中華料理症候群が起きるという説が出回ったことがある。しかしながら、これは科学的な検証（グルタミン酸を摂取した群と摂取していない群を比べた二重盲検試験など）の結果、米国の食品医薬品局（ＦＤＡ）や世界機関の合同食品添加物専門家会議（ＪＥＣＦＡ）から、とっくに否定されている。

にもかかわらず、いまだに危ないというイメージが残っている。科学的な言葉で言えば、全く安全なのに、安心できない人たちがいるということだ。その背景には「化学調味料無添加」という表示でひと儲けをもくろむ企業が存在するという特殊な事情もある。

ともかく、現在の世の中は安全というキーワードでは動いていない。

「安全」よりも「安心」が王様

一方、メディアは安全と安心のどちらを重視しているのだろうか。

予想される通り、市民の感情や弱者の気持ちを大切にするメディアは、「安全といわれても、安心できない」という市民の素朴な声をニュースに取り上げやすい。

築地市場の豊洲移転問題でベンゼンやヒ素が少しでも検出されるだけで、記者たちが大きな見出しの記事を書くのは、市民の安心志向に応えるものだ。「ヒ素が環境基準を少し超えて検出されたくらいで食の安全への影響は全くありません。市民のみなさんの不安は根拠のないものです。安心してください」といったニュースを書く記者は一人もいない。これからもいないだろう。

市民の感情を逆なでするようなニュースは、市民を怒らせるだけである。市民の不安に寄り添うニュースが良いニュースなのである。市民感情に逆らって、「科学的には安全です。心配は無用です」という記事を書くことは私の経験から言って、相当な勇気を要する。

そもそも「安全」とは何だろうか。

こんなことを言うと、科学を軽視しているかのように見えるかもしれないが、安全とは何かを突き詰めて考えると、実は、安全かどうかは市民が決めていることが分かる。市民（または市民の心）が納得して初めて「分かりました。安全なんですね。では、その政策を進めてください」という筋書きになる。つまり、安全というものは単に科学者たちが科学的な手続きで同意した概念に過ぎず、それがストレートに市民の安心につながるような確たるものではないような気がする。

だれもが納得するような「安全」という客観的な看板や指標があるわけではないのである。仮に多数の科学者が「Aという化学物質は、動物実験や過去の疫学調査などで安全です」と説明しても、それでも半分の市民が「いくら説明されても、私は不安です」と答えたら、その化学物質への不安はなくならない。そんな不安は科学的な根拠がないので無視すればよいという考えも成り立つが、市民の不安を無視すれば、今度は安全を主張する科学者たちが市民たちから猛攻撃を受け、政治や行政の舞台から追放される恐れが出てくる。

たとえば、消費者庁は原発事故のあと、多額の予算をかけて、年間100回近くも放射性物質のリスクコミュニケーションを行っているが、理解はなかなか進まず、「福島産を避ける」人の割合は依然として2割程度ある。これは、科学的な安全性を理性に訴えて説明するだけでは効果がないことを表しているように思う。

内臓は心をもつ

では、なぜ、国や科学者が安全だと言っているのに、市民は安心できないという気持ちを持つのだろうか。

ここで脳と感情（心）の関係を考えてみる。

実は「安心のほうが安全よりも上位にある」ことが分かる。

つまり、安心が王様であり、安全は僕（しもべ）である。

昔から、「腹が立つ」とか「腹わたが煮えくりかえる」とか「断腸の思い」など、胃や腸を中心とした内臓が心（感情）をもっているかのような表現があった。私たちが感じる感覚は、どこから来るにせよ、いったんは脳内の視床のような情動回路を通過して処理される。情動の回路を通った情報は、たとえそれが知性として現れた行為であっても、もはや純然たる知性ではありえない。

内臓は独自の心をもっていることを人の試験で確かめたという内容の本を読んでいたら、次のような文言に出くわした。

これまでは「知性が主人で、情動は奴隷だといった考え方が主流であった。現在では逆に、情動が知性を決定しているのではないかといった方向になってきた」（福土審著『内臓感覚』NHKブックス）。

感情が知性を支配しているというわけだ。

情動を含めた思考が、いろいろな意思決定に大きな影響を及ぼしているということだ。リスクをどう認知するかが、安全かどうかを決めているといってもよい。リスク認知が上位にあり、客観的に安全かどうかは、その認知の下位にある。

つまり、安全かどうかを判断しているのは、実は、感情（情意）なのである。とすれば、多様な感情の渦巻く市民社会で、「安全といわれても、安心できない」という市民感情があっても少しも不思議ではない。

「朝日ぎらい　よりよい世界のためのリベラル進化論」（橘玲著・朝日新聞出版）を読んでいたら、人は自分と同じ政治的立場の人の匂いを好むという米国の研究報告が出ていた。あの学者は「うさん臭い」という表現は、言いえて妙である。同じ学者を見て、ある人は嫌悪感を示し、別の人は親近感を抱くというケースはだれにも体験があるはずだ。学者の世界では十分に信頼されている学者が「安全だ」と強く言っても、その学者の肌や匂いが気に入らないというケースはあるだろう。

安全かどうかを判断するのは、やはり感情である。

感情がいかに大きな力をもっているかは、健康への影響でもわかる。

不安や敵意などネガティブな感情をもつタイプの人は、そうでない人に比べて、心疾患のリスクが高いという数々のエビデンスもある（大竹恵子ら著『保健と健康の心理学』ナカニシヤ出版）。逆にポジティブな心理は心疾患のリスクを下げる。

ネガティブな感情は、健康にも影響を与え、政治をも変えるのである。

こうなると、市民が安心するかどうかが、政治でも健康でも科学的なコミュニケーションでも、重要な鍵を握ることが分かるだろう。

安全と安心の4つの構図

では、安全と安心の関係はどうなっているのか。安全と安心の関係を表す構図は4つの次元で表せる。

「安全なので安心だ」

「安全だけど、安心できない」

「安全ではないけれど、安心だ」

「安全ではないので、安心できない」

の4つだ。

ニュースの観点から見ると、「安全だから安心できる」と「安全ではないので（危険なので）、安心できない」は当たり前過ぎて、ニュース価値は低い。「科学者が安全だといっているので、私は安心できます」と叫ぶ市民がいても、その声をひろって、ニュースにする記者はいないだろう。

ニュースがもっとも着目するのは「安全だけど、安心できない」という状況である。消費者庁のリスクコミュニケーションは、いくら科学者が説明しても分かってもらえないというケースである。福島原発事故後の放射線リスク、子宮頸がんなどを予防するＨＰＶワクチン、遺伝子組み換え作物、食品添加物などの問題は、すべてこの構図に入る問題である。

国会で野党の議員が質問するのは、たいていは、この「国や科学者は安全だというが、安心できない市民たちがいる」という視点で追及している。安全よりも安心を重視した質問ばかりである。

安心できるかどうかは、専門家への信頼がカギを握るという考えもある。確かにそのとおりだが、信頼できる専門家がそもそも市民によって異なる。私はＡという学者を信頼するが、Ｂという学者は信頼できないというふうになる。

たとえば、子宮頸がんを予防するＨＰＶワクチンの有用性を強調する学者は、そもそもワクチンの被害者たちから信頼されていない。１章でも述べたように、ＨＰＶワクチンに反対する市民たちが信頼する学者は、国や学会の主流にはいない。おそらく、どんな分野でも、どんな市民も、それぞれの考えから信頼できる学者像が異なるだろう。

だから、信頼できる学者を連れてくれば、みなが納得し、解決できるという考えは失敗に終わる。

そもそも、ほとんどの人は自分の考えや価値観に近い学者しか信頼しないからだ。

ノーベル賞を受賞したような学者なら、信頼度が高い面では一定の効果はあるだろうが、それでも、「安全だけど安心できない」という不安な心をひっくり返すほどの力はないのではないか。

ワクチンや遺伝子組み換え作物などの問題で、与党と野党が常に対立しているのは、そういう構図があるからだ。

「安全というけれど安心できない」は、市民の感情を重視する政治がからむだけに、この構図にどう対処するかがリスクをめぐるコミュニケーションの最大の課題である。

ニュースの世界でもうひとつおもしろいのは、「安全ではないけれど、安心する」というケースだ。たとえば、福島第一原発事故が起きた２０１１年秋、こんな記事（朝日新聞）があった。東京の子供が鼻血を出し、親は不安にとりつかれた。しかし、ある医師が「それは放射性物質のせいかもしれない」と説明したら、安心できたという内容の記事だ。なぜ安心したかといえば、自分の信頼する医師が「原因が放射性物質だ」と言ったからである。本人にとっては危険という状況なので、本来なら、その母親は不安になるはずだが、信頼できる医師が自分の考えていたとおりに「放射性物質が原因」と言ってくれたので、その原因に納得し、安心できたという記事だった。

放射性物質が原因なら、それなりのリスクがあるはずであり、不安になってもおかしくないが、原因が分かれば安心するという心理が確かに人にはあるのだろう。

もちろん東京に住む子供が福島の原発事故の放射線で鼻血を出すことは科学的にはありえないが、本人の意識の世界では、「危険な状況でも原因が分かって安心する」という状況はありうる。

皮肉な見方をすれば、危険な状態でも、みなが安心していれば、だれも文句をいう市民はいないので、それが究極のコミュニケーションかもしれない。危険な状態を改善せずにみなを安心させる方法があれば、それはそれで立派な解決策になる。

アルコール（発がん性あり）は、その危険性にもかかわらず、意外にみな安心しきって楽しんで飲んでいる。不思議である。

たばこを吸っている人の心境も似ているかもしれない。客観的にがんの死亡率が上がるという大きなリスクがあっても、不安を感じていなければ、それはそれで完結した世界であり、他人への悪影響（受動喫煙や医療費の税金使用など）を除けば、ややこしい問題は生じない。

その意味では、危険イコール不安（安心できない）とは限らない。

健全な不安もある

多少のリスクはあっても、それが受け入れられるリスクだと自覚すれば、安心できるわけだ。「リスクはあっても、安心できる」というのが理想的なコミュニケーションかもしれない。

このあたりの安全と不安の関係でおもしろいのが工学系のリスク観だ。洪水などを学問的に考える工学系の専門家はよく「安全だと油断してはいけない。安全だと思っていると備えを怠ってしまう」という言い方をする。災害はいつやってくるか知れない。油断は禁物。健全な不安感をもって、常に備えるのが洪水被害に遭わないためのコツだという意味である。

どうやら不安にも、健全な不安と不健康な不安があるようだ。

洪水に備える不安は健全な不安である。健全な不安は、受け入れ可能な不安と言い換えてもよいだろう。「正しく怖がる」という言い方にもつながる不安観である。

「科学的には安全です」と説明しても、分かってもらえない人には、「その不安や安心できないという気持ちは健全なものです。わずかなリスクでも、そこに注意を払うことはよいことですね」と言って、安心できない気持ちをまずは肯定的に受け止めることが必要だろう。

つまり、食品のリスクコミュニケーションでまず心がけることは、どうしたら安心してもらえるかを考えることだ。安全だと説明しても、安心できない人もいるし、安全でないのに、安心する人もいる。どちらにせよ、主役は安心できるかどうかである。安心できる状況をつくってしまえば、安全はそのあとに影のようについてくる。

その観点から、放射性セシウムの食品の基準値を振り返ると大失敗だった。当初１キログラムあたり５００ベクレルという暫定値があったが、国は２０１２年、国民に安心してもらおうと、一般食品は１キログラムあたり１００ベクレルという厳しい値を設定した。安心を考慮したのはよかったものの、なぜ、そんなに厳しい値を設定してしまったのだろうか。一般市民は、基準値が厳しいということはそれだけ放射線のリスクが高いというふうに受け止める。厳しい基準値は「放射性セシウムは危ない」という印象を助長したのである。

予想通り、メディアの論調は１００ベクレルでもまだ高いという記事が多かった。

もしセシウムの基準値をＥＵ（欧州連合）並みに１キロあたり１２５０ベクレルにしておけば、仮に福島産の食品から９００ベクレルのセシウムが検出されても、「ＥＵの基準値より低いから大丈夫だな」という空気ができて、安心感は強くなったのではないか。

科学的に安全かどうかは、結局は、人が判断するものだ。その判断は脳の中の情動を経由した気持ちだ。専門家といえども、自分の専門分野を一歩はずれると、普通の市民感情とさして変わらないというケースをよく見てきた。

安心を軸としたリスクコミュニケーションを展開すれば、これまでとは異なる世界が見えてくるような気がする。

メディアは善と悪の二元論

そういう意味では、メディアは市民の不安や安心できない状況をニュースにする傾向があるため、一見リスク・コミュニケーションがうまくいきそうだが、メディアの問題点は散々不安な状況を取り上げて、それで終わり、という結末になることだ。

言い換えれば、市民の不満や不安をニュースにするだけで、その行くつく先をしっかりとフォローしない。子宮頸がんを予防するＨＰＶワクチンで言えば、被害者たちの声を届けるだけで、ワクチンの全体的な有用性をあまり伝えない。有用性をしっかりと伝えれば、不安感をもつ市民の中には、ワクチンのメリットとデメリットを比較して、ワクチンを接種する動きも出てくるだろう。ワクチンの有用性を認識しながらも、マクロで見れば、10万人に１人か２人は副作用が生じるかもしれないという健全な不安感（１００％安全な医薬品は存在しないという健全なリスク観）をもつのが理想的なコミュニケーションである。

市民の感情をニュースにすること自体が悪いわけではない。大事なのはその感情が生じる背景をしっかりと伝えることだ。

しかし、記者はどちらかといえば、ものごとを単純にとらえる傾向がある。最初から、善と悪が決まっていて、「食品添加物は悪、無添加は善」「有機農業は善、農薬を使う農業は悪」「原子力発電は悪、太陽光や風力など再生可能エネルギーは善」「巨大多国籍企業は悪、零細な農家は善」といった具合である。

その結果、記者の書く記事はワンパターンになりやすい。

「主要農作物種子法の廃止」に関する記事も、そのよい例である。

主要農作物種子法（いわゆる種子法）は1952年、戦後の食糧増産という国家的な要請を背景に制定された。主な狙いは国や都道府県が主導して、米、麦、大豆の優良な種子を研究・開発し、普及させることだった。その法律が2018年4月1日に廃止された。その背景には、コメの需要が一般家庭から、外食や中食の用途にシフトしてきた事情がある。単純に言えば、国や都道府県は家庭でおいしく食べられるコメの品種を開発し、それ相当の成果を収めてきたが、これからは外食や中食にふさわしいイネの品種開発が必要であり、いま以上に民間企業の参入を促して、時代に合った多収のイネの品種を生み出そうという発想である。

この法律の廃止に対して、メディアはワンパターンの反対論を展開した。その最たるものが「日本の食が狙われる　種子法の廃止と安倍政権の規制改革」との見出しで掲載された記事（2018年5月9日の毎日新聞夕刊）。登場するのは、山田正彦・元農水大臣と遺伝子組み換え作物を危険視する発言を繰り返す学者、伝統農業を守って自家採種の重要性を訴える民間人とおきまりのパターン。日本のコメの種子が、米国の種子総合企業の旧「モンサント」をはじめ、巨大な多国籍企業にのっとられるという相も変わらぬ記事だ。

3章で週刊朝日のトンデモ記事を紹介したが、そのときも山田・元大臣の言い分をそのまうのみにして記事を書いていたが、今回もそれと同じ構図である。記事は、種子は企業の知的所有物ではない。みんなの公共財だという考えを伝え、途中で「企業利益と効率化だけを目指せば、日本で種を生産する土台が崩れて自滅してしまう」や「お米が企業の金もうけの道具にされる」と主張する学者や料理研究家の声を載せ、最後に「経済の論理で瑞穂の国はどこに向かうのだろうか」と結ぶ。

経済の論理がいけないというが記者の考えのようだ。この記事は、市場原理で動く資本主義はよくないといった思想的な反対意見を載せているだけで、まるで山田・元農水大臣のスポークスマン的記事である。

こういう記事を読んでいつも思うのは、記者にとって、「企業の利益」「効率」「生産性」は悪のようだ。米国の旧モンサント（ドイツのバイエルに買収され、名称がバイエルに変わった）など海外の多国籍企業も悪の象徴として登場する。ＴＰＰ（環太平洋パートナーシップ協定）に反対する学者の主張が正しく、ＴＰＰのメリットを説く学者は記事にふさわしくない扱いにされる。こういう記者たち（もちろん、メディアには右も左もあるが、主に毎日や朝日、東京など主要な新聞社にいる多くの記者を指す）の思考パターンは、私が記者を始めた約40年前から変わっていない。

種子法の廃止に関して言えば、旧モンサントの日本法人が「とねのめぐみ」というイネの品種を開発しているが、奨励品種にもなっておらず、そもそも日本法人の社長に聞いても、日本市場に魅力はなく、関心はないというのが真実である。日本市場は大きなマーケットではなく、魅力が薄いのだ。

農水省は国内の企業を中心にもっと種子の開発に参入してくださいと懸命に呼びかけているが、民間企業が思ったほど参入してこないのが実情である。

そもそも消費者や外食産業の市場ニーズに合った優良なコメの種子を、民間企業が開発してくれれば、消費者にも農家にもプラスのはずだ。なぜ、民間企業が乗り出してくるとよくないかがさっぱりわからない。

海外の巨大企業が日本の市場に新しい商品を出すのが悪いというなら、アマゾン、グーグル、フェイスブック、マイクロソフト、マクドナルドなどはどういう扱いになるのか。悪徳企業だとでもいうのか。相手側から見れば、世界中に進出している日本のトヨタは、多国籍企業のひとつで悪という範疇に入るはずだが、自国の多国籍企業が責められることはほとんどない。

いうまでもなく、野菜や果物の種子はすでに「サカタのタネ」や「タキイ種苗」など民間企業が供給している。国や自治体が管理しているわけではないが、なんら不都合な状況は生まれていない。つまり、民間企業が開発したトマトやピーマンなどの種子を農家が買って、その野菜や果物を消費者が食べているという構図が長く続いている。そこに何か不都合があるかといえば、何もない。伝統野菜の自家採種を禁止する法律があるわけではなく、在来の種子を守りたい人は守っていけばよい。

仮にもし民間企業の参入が悪であるならば、野菜や果物の世界でいかに民間企業の参入のせいで消費者や国が損失を被っているかを調べて、民間企業の横着ぶりをレポートするなら、おもしろい記事になるだろう。記事を書くなら、いつも同じ顔ぶれの反対論者だけの意見を並べるのではなく、先例となる野菜や果物の現場で何が起こっているかをレポートしてほしい。

この本は、種子法の廃止の是非を論じるものではないので、これ以上、深入りしないが、たぶん記者は安倍政権を批判する狙いも兼ねて書いたのだろう。

山田氏をはじめ、旧民主党にいた人たちのグループ（いわゆる左派リベラル、シニア左翼といわれる）は、憲法の改正やＴＰＰ協定、働き方改革など現状を変えることに常に反対する。

遺伝子組み換え作物の栽培を国内でも試みたいと思っている農家がいても、そういう新しい挑戦に対しても、常に反対運動で阻止しようとする。私から見れば、山田氏のようなグループは現状を少しも変えようとしない超保守派であり、リベラルからは程遠い。うがった見方をすれば、何かを阻止することで生きがいを見出しているかのように見える。その一方で、こういうワンパターンの観念論的な反対に共鳴して内容の浅い記事を書く記者がいまも多い。

多くの科学者は、新聞界のこういう善悪二元論のワンパターン記事に飽きているのではなかろうか。新聞離れが起きるのも無理はない。

太陽光は貧乏人いじめ

再生可能エネルギーに関する記事でも、一般的に言って、記者たちは太陽光発電や風力発電は前提抜きで「善」のようだ。

あちこちの自治体が太陽光発電で町おこしをやったり、地域の生協が太陽光発電でもうけた利益を地域の活性化に使ったり、全国で太陽光発電を拡大すれば原子力発電をゼロにできるといった話をよく記事で見かけるが、たいていの場合、その仕組みを詳しく書いていない。

ご存知のように、太陽光発電で得られた電気は、電力会社が全量買い取ってくれる仕組みになっている。これを「固定価格買取制度」（ＦＩＴ）という。当時の民主党の菅政権が

２０１２年につくった制度である。買取価格は当初、１キロワットあたり42円だった。買取期間は20年（家庭用は10年）と長い。通信大手のソフトバンクがメガソーラー（大規模太陽光発電所）をつくって、大儲けしていることはよく知られる。何せ、20年間も固定価格で買い取ってくれる夢のような制度である。銀行でお金を借りて、太陽光パネルを設置するだけで、だれでも寝ていても利益が上がるという仕組みだ。

しかし、少し考えればわかるように、買取費用をだれが負担しているかだ。この買取費用は、家庭や企業が払う電気料金に「賦課金」として上乗せされている。電気料金の請求書を見ると「再エネ発電賦課金」という名称で金額が書かれている。所得の低い人も、高い人も一様に太陽光発電を始めた人にせっせと賦課金という形で貢ぐのが、この「固定価格買取制度」なのである。

あえて刺激的な言葉を使えば、低所得者がお金持ちに賦課金を献上する貧乏人いじめの制度である。税金の言葉を使えば、逆進性である。太陽光発電を設置するには一般的に２００万円以上の初期投資がいる。どうみても、お金持ちが設置しやすい。お金持ちは自分で生み出した太陽光発電の電気を全量、電力会社に買い取ってもらい、自分用にはもっと安い通常の電気料金を払う。その差額はまるまるもうけとなる。

私の知人はこの制度が始まる以前から太陽光パネルを自宅屋根に設置していたが、完全に

写真 5-1　太陽光パネル(群馬県太田市内)

赤字だった。ところが、この買取制度ができてから、もうかり始めた。他人の懐からお金が転がり込んでくるから、当然もうかるわけだ。田んぼ一面に太陽光パネルを設置し、毎月、10万円以上の収入を得ている知人もいる。

別に知人が悪いわけではない。この制度がおかしいのだ。

以前に、太陽光発電や風力発電の設備を山ろくに設置すれば、地場産業が伸びて過疎が解消されるかのようなイラストを描いた農水省のパンフレットを見つけた。それを見て、愕然とした。自立できないエネルギー設備を山麓につくったところで、他人の賦課金をあてにできるうちはよいが、いずれ採算が合わなくなり、失敗は目に見えている。

だいたい山ろくに太陽光パネルを敷き詰めたら、日本のふるさとの景観は台無しになる。2018年春、群馬県太田市に車で行ったら、山一面が太陽光パネルで覆われた光景に出くわした(写真5―1)。太陽光が火力発電をはるかにしのぐ低価格を誇るなら、我慢もできようが、他人のお金をあてにした殺風景な発電施設が山の斜面にどんどんつくられていくことに悲しくなる。最近になってようやく山に設置される太陽光に反対する運動が出てきたが、当然である。

また、ある新聞に「市民団体が太陽光発電の設備をつくり、発電した電気を売った収益で故郷の地場産業をサポートする話」が載っていたが、これも幻想である。太陽光発電で町おこしができそうなのは、みんなが賦課金を払って支えているうちだけだ。他人のサポートがなくなった途端に、町おこしはだめになる。太陽光発電の威力はこんな程度だと思うが、そういう記事は見かけない。

もし本当に電気をつくるコストが安く、環境にもよいものなら、放っておいても、次々に民間企業が太陽光発電を拡大させるだろう。そういう動きがないところを見ると、まだまだ太陽光発電に夢を託す時期ではないことが分かる。

貧乏な人までが負担する賦課金の総額が安いなら、話は別だが、読者のみなさんはいったい、全国民が負担している賦課金の額は、いくらだと思いますか。

電力中央研究所の朝野賢司氏（主任研究員）の試算（同研究所ホームページ参照）によると、累積の買取総額は２０３０年までに59兆円にもなる。買取期間がすべて終了する２０５０年までには、なんと94兆円になる。

これからも太陽光発電は増えてゆく。そのたびに税金の一種ともいえる賦課金も増えてゆく。累積の賦課金総額は雪だるまのごとくどんどん増えていく。

私たちは年間約２～４兆円もの額を、太陽光など再生可能エネルギーのために、強制的に負担させられているし、これからも負担させられてゆく。私には理不尽な税金泥棒に見える。毎年、2～4兆円もあれば、それこそ保育園の待機児童問題はすぐに解決できる。難病で苦しむ人たちのために医療費を支給することもできるだろう。

ここで、もし記者たちが「みんなが負担している賦課金を、もっと有意義なものに使えるはずです。そう思いませんか」との記事を書いて問題を提起すれば、たぶん多くの国民は「太陽光発電などの賦課金制度は廃止すべきだ。太陽光がすばらしいと思う人は自分の費用で設置すればよい。なぜ、他人のお金をあてにして設置するのか。問題だ」という声を出すはずだ。しかし、そういう記事を見たことはほとんどない。

私が以前に書こうとしたら、「おまえは原発推進派か」と却下されてしまったこともある。お金の有効な使い方を提言しているだけのつもりだが、世間では再生可能エネルギーの推進にケチをつけると原発賛成派という烙印を押されるようだ。もちろん、再生可能エネルギーの推進自体に異議はないが、高い固定価格で20年間も買い取るような制度がよくないと言っているだけだ。

かつて、太陽光発電の拡大で原発がゼロになるという記事を見つけ、記者に聞くと、「固定価格買取制度」のことをよく理解していないことが分かった。記事の中にもこの制度の解説が出てこない。なぜ、こんな悪法が生まれてしまったのか、いまさら嘆いてもしようがないが、せめて記者たちはもっと貧乏人いじめの太陽光発電の実態を伝えてほしいものだ。

風力や太陽光の盛んなドイツは失敗

再生可能エネルギーについては、多くの方が、その導入を積極的に進めてきたドイツに良いイメージをもっていると思う。そもそも固定価格買取制度を最初に始めたのはドイツである。2000年のことだ。しかし、そのドイツでは賦課金が年々増え、電気料金は大幅に上がった。ドイツの家庭の電気料金は日本の2倍近くも高い。裕福な人にとっては、再生可能エネルギーの普及のためなら、電気代が2倍になってもよいかもしれない。

しかし、年間の電気料金を数千万円も負担している事業者にとっては、電気代が2倍になれば、年間の出費は億単位に増える。それでは世界の企業に対して競争力を失うほどの打撃となる。

だから、ドイツでは輸出産業には賦課金を免除している。

すでにドイツの失敗（2016年に固定価格買取制度は廃止され、2017年から入札制度）が分かりかけていながら、日本では固定価格買取制度を導入した。当時の菅直人総理の辞任と引き換えに生まれたのが、この買取制度だった。菅政権の負の遺産にこれからの日本が苦しめられることになる。

「東京大停電」（お勧めの本）という本を読んでいたら、日本中に設置された太陽光パネルがいずれ膨大な量の廃棄物になる現実がひしひしと伝わってきた。およそ東京タワー1万基分のパネルがゴミになるというのだ。同様に風力発電の装置もやがて巨大なゴミになる。

そもそも山の斜面に太陽光を設置した事業者は利益をたんまりと得たあとは、そのあとのことを考えていないのではないか。事業者は廃棄物となったパネルをきちんと撤去して、山の斜面をもとの緑豊かな状態にもどしてくれるのだろうか。ありえないと思う。

自治体はいまのうちに太陽光パネルの撤去費用（預り金）を徴収しておくのがよいだろう。事業者が自己責任で撤去したら、その預り金を返せばよい。何の対策も講じないと、やがて、そのまま山に放置する事業者が全国のあちこちで続出すると私は見ている。そのときになって初めて国民は「だまされた」と臍（ほぞ）を噛むことになるだろう。

エネルギー問題を論じるのがこの本の目的ではないので、詳しい解説はもっと専門書を読んでほしいが、なぜ、太陽光や風力は自立できないのかを知っておく必要がある。

私は趣味で連凧（写真5―2）を揚げている。全長約150メートルの連凧を大空に揚げる爽快感がすばらしいからだ。だが、悩みは風まかせのところだ。風が吹いていなければ、凧は揚がらない。風が強すぎてもうまく揚がらない。夕日を背に全長200メートルの連凧を揚げるのが目下の目標だが、どちらにせよ、その夢もまた風まかせである。

誰もが知っているように、太陽光発電や風力発電は、天候によって発電量が左右され、稼働率がきわめて低い。平均的な稼働率は20％前後だ。

これは野球にたとえると分かりやすい。有能な4番バッターをチームに入れたのに、病気がちのため、5回に1回しか試合に出られないということだ。となると、この4番バッターが出られない試合のために、ピンチヒッターとして、別の4番バッターも雇わなければいけない。つまり、太陽光発電や風力発電が使えないときに備えて、すぐに発電ができる火力発電を用意しておかなければならない。

写真 5-2　連凧（全長 120 メートル）

太陽光や風力は、自立していないので、火力発電とセットでしか稼働できないのだ。価格の安い蓄電池（バッテリー）があれば、電気をためておけるが、まだそこまで性能のよいバッテリーは登場していない。バッテリーと太陽光発電の両方を設置したら、コストは高くなり、とても火力発電に太刀打ちできない。

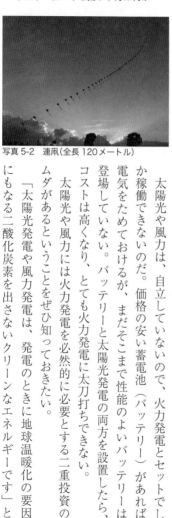

太陽光や風力には火力発電を必然的に必要とする二重投資のムダがあるということをぜひ知っておきたい。

「太陽光発電や風力発電は、発電のときに地球温暖化の要因にもなる二酸化炭素を出さないクリーンなエネルギーです」というイメージがあるが、それも誤解だ。なぜかといえば、雨が降って太陽光が発電できないときは、バックアップする側の火力発電で二酸化炭素が発生しているからだ。太陽光の稼働率は20％前後なので、結局、いまのところは、太陽光は火力発電の助けを借りるしかない補助電力なのだ。「太陽光発電は本当に二酸化炭素を出さないクリーンなエネルギーか」と問えば、ノーというしかない。

そういう視点を盛り込んだ記事はあまり見かけない。「太陽光は善」という固定イメージが記者に塗り込まれているからだ。

モノより心は人々を幸せにするか

自然の食品がいいとか、自然の農業がいいとか、自然エネルギーがいいとか、記者たちは「モノ」よりも「心」を重視して、記事を書く傾向がある。

種子法廃止の記事で記者は経済の論理を悪いかのように書いていたが、こういう習性はこの記者に限らない。成長よりは環境、モノよりは心といった具合に、効率性や経済成長を悪いかのように見る傾向は、記者のＤＮＡに遺伝子のように組み込まれている。新聞記事やＮＨＫの番組では、若者が未来に託す農業はたいていの場合、有機農業である。収量や収入よりも、ゆったりとした時間、自給自足に近い生活、自然の中でのびのびと環境に合った小規模な農業が理想として描かれる。大規模な農業で年収1000万円を稼ぐ若者の話は、記者には人気のないネタである。

自然農法を試みる若者がいてもよいだろうが、それが日本全体の農業を強くするとは到底思えない。地方で家族を育ててゆく、これからの若い世代にとって、収量の少ない有機農業（もちろん高収入の例もあるだろうが）がよきお手本になろうはずがない。個人がどんな人生観をもとうが自由だが、反成長主義や反経済の論理では、日本の将来は暗い。しかし、その暗い未来をよいことのように描くのがいまの記者たちである。

「モノよりは心」といった生き方を本などで主張している人はたいてい裕福な学者、評論家、民間企業に勤めていない人に多い。民間の経済の現場で「富」を生み出すのがいかに大変かを身をもって経験してしている人は、いとも簡単に「モノより心」とは言わない。「心」重視の学者なら、きっと心も豊かなはずで、お金もそれほど必要ないはずだから、ご自分の退職金の半分を福祉などに寄付してもよさそうだが、そういう話を聞いたことはない。もしいたら、ぜひ教えてほしい。

日本の今後の将来を考えるうえで欠かせない思考は、日本は「資源小国」だという認識である。太陽光の賦課金などで無駄なお金を使っている余裕はない。これからの日本は老人大国だ。医療にも介護にも、そして子供の教育にも、それこそ多額のお金がかかる。そんなときに効率の悪いお金の使い方をしていたら、日本は破滅する。

振り返れば、日本は1990年代後半、一人当たりの国民所得（GDP）は世界第2位だった。いまでは信じられないような話だが、本当に堂々の2位だった。最近は25位前後をうろうろしている。さびしい限りだ。90年代後半以降の20年以上は、経済が停滞し、「失われた20年」と呼ばれるようになった。若い人たちの初任給は20年間、全く上がらなかったのである。その主な原因は、日本の製造業やサービス業がしっかりと育ってこなかったからだ。

つまり「モノより心」「懸命に働くより、のんびり生活」といっている余裕などないはずだが、新聞やNHKの番組はとにかく脱サラ生活を好む。退職金をもらった人が地方でのんびりと自然農業を営む（これはモノも心もそろった典型例）という話題を好む。

NHKは特にこの種の話が好きのようだ。「若者が脱サラして、減速生活をしながら、有機農業をやって、のんびり幸せに暮らしている」といった番組をよく見るからだ。

そういう番組に出てくる自給自足の生活を見て驚いてしまう。スマホも使えば、車も電気もエアコンも使う。アマゾンでモノを注文し、商品を高価なエネルギーを費やして運んでもらう。少しもエコではない。

もし、国民の全員がこんな減速生活を始めたら、すぐに経済成長はダウンする。石油などの化石燃料を海外から買うお金は枯渇する。国富も減る。

仮にそういう若者が有機農業に失敗しても、またもとの世界にもどることができる。こうして脱サラした若者たちがのんびりと生活できるのは、回りの人たちが懸命に働いているからだ。いざとなれば、スーパーなどへ行って安いものを買ったりできるのは、懸命に働く人たちがいるからだ。

もっとも、のんびり生活が理想的だと記者たちが書くのは、それが珍しい現象だからというニュース性もあるだろう。ともかく、メディアはいつも脱サラ的なスローライフの話題を好む。そういう生き方自体を否定しているわけではない。そんな趣味的な生き方にニュース価値があるのかと問いたいのだ。、

自然農法をいくら推進しても日本の食料の自立度が高くなるわけではない。日本の食料自給率が低いことはよく知られているが、エネルギーの自給率が6～7％しかないことは、あまり知られていない。ふだんはニュースにもならない。北海道の大停電でわかったように、エネルギーがなくなれば、そもそも生活が成り立たず、機械や肥料などを使う農業も立ち行かなくなる。

そういう観点から考えると、火力発電の燃料などに使われる天然ガスや石油などの化石燃料を輸入するのに、年によって変動はあるものの、年間約25～28兆円もかかっていることはあまり知られていない。30兆円近いお金をどう生み出すのか。それが国家的に見た民間企業

の仕事である。

食料と農業の関係でいえば、科学技術の力で農業の生産性を高めていくことはとても大切である。フランスンスやアメリカでは、小麦やトウモロコシなどの面積あたりの生産性は1950年代に比べて、3~4倍も向上した。少ない担い手と面積で穀物の収量を上げていけば、今後人口が増える世界の食料問題の解決にもなる。

そもそも私たちが手ごろな価格でパンや豆腐などを食べられるのは、海外の輸出国（米国やカナダ、豪州など）での高い生産性のおかげである。食品の価格が安ければ、つまり食料品の価格が安ければ、生活費の中で余った金額は余暇や教育などに支出できる余裕が生まれる。生産性の向上は、遺伝子組み換え技術や化学肥料、農薬、農業機械など、さまざまな科学技術が発達したおかげだということは、当たり前すぎてニュースになりにくいが、どうもメディアの世界では生産性の上昇を評価するニュースは少ない。

国全体を見たときには、生産性の向上なしに豊かな生活はありえない。

なぜスイスは豊かなのか？

スイス（人口約840万人）を見てほしい。1人当たりの国民所得は、年によって異なるが、長い間世界2~5位だ。スイスには、コーヒーでおなじみのネスレ、ノバルティス（製薬企業）、シンジェンタ（農薬や種子、遺伝子組み換え作物などのトップ企業。中国の企業に買収された）、チューリッヒ保険、アリスタ（製パン）など名だたる多国籍企業がある。それらの企業が生み出す富でスイス国民は豊かな生活を維持している。世界中で商売が成立しているという事実は世界中の消費者のニーズに合った商品を開発して売っているからだ。

優良企業が自国にあることはすばらしい誇りのはずだが、記者たちは多国籍企業を悪とみて記事を書く。

科学技術に保守的な態度を示す西欧人でも、まさかこうした優良企業をつぶせ、とまでは言わないだろう。西欧人は伝統や歴史を重んじるが、その一方でこういう優良な企業を育てている。西欧は戦略的でしたたかである。

そういう中で「モノより心」（個人の内面の生き方のことではない）などとのんきなことを言っているほど日本経済は強くない。日本の富と雇用をつくり出しているのはトヨタ、花王、味の素、ソニー、クボタ、サントリー、イオンなどの多国籍民間産業である。

その民間産業に求められるのが、効率性と技術力を備えた競争力だ。新聞社自体が民間産業のはずなのに、そこで働く記者たちの発想が「モノより心」では、日本は世界から取り残されていくだろう。

「水素水」報道のゆがみ

話はやや個人的な文明論・産業論に傾いてしまったが、テーマは善悪二元論だった。水素水または水素の効果の是非をめぐる過去の記事を見る限り、大半の記者は最初から「水素水は悪いもの。エセ科学」と決めつけているかのようだ。

効果があるかないかは、信頼できる研究データがあるかないかで決まる。いまのところ、医薬品でもなく、一定の効果を事業者の責任で表示できる機能性表示食品でもない。いわゆるトクホ（国が審査・許可する特定保健用食品）でもない。そこをついて、「ただの水か食品なのに、いろいろな健康効果をうたった商品が出回っているのは問題だ。ただの水を信じてはいけない」といった論調の記事が東京新聞に載っていた。私に言わせれば、いちゃもんをつけて終わりという記事だ。

消費者が知りたいのは、何らかの病気をもった人にどんな効果があるかである。

私も当初は水素水の効果への疑念を抱いて取材を始めたが、水素水を使った患者対象の臨床研究がいくつかあるのを知り、従来の「何とか水」とは異なることに気づいた。誤解の要因は「水素」と「水」をごちゃ混ぜに議論していることにある。

水素の分子が培養細胞の実験などで有害な活性酸素を抑えたりすることが大澤郁朗氏（東京都健康長寿医療センター、分子老化学）らの研究で分かり、それが2007年、医学誌「ネイチャー・メディスン」に発表された。以後、水素の医学的な作用を確かめる数多くの試験が始まった。

２００７年の水素論文の筆頭執筆者となった大澤さんは「科学者は疑うのが商売だ。少量の水素が生物の体内に入ったところで、効果はないことを証明するために実験を始めた」というからおもしろい。ところが、実際には動物を使った実験でパーキンソン病や緑内障などに効果があるのを知り、「水素が病気の治療に役立つと確信するようになった」と研究の経過を語る。

ここで重要なのは、効果の有無が研究されているのは分子状の水素であり、水自体の効果ではないことだ。そもそも水自体に効果があろうはずはない。水の中に注入された水素に効果があるかどうかである。もし水素に効果があるならば、水素を吸っても効果があることになる。

これまでに４００を超す論文があり、うち約20の論文はリウマチやパーキンソン病など患者を対象にした臨床試験だ。ただ、医薬品の臨床試験のように、水素水と偽の水素水（プラセボ）を飲ませて効果を比べる信頼性の高い無作為化比較試験は10論文程度と少なく、試験での症例数も少ないのが現状だ。

残念ながら、順天堂大学病院の医師らが行ったパーキンソン病の大規模臨床試験では水素水の効果はなかった。しかし、心筋梗塞などで倒れた心肺停止の人に水素を吸わせた臨床試験では後遺症が軽くなることが分かった。そこで厚生労働省は2016年11月に水素の吸入を「先進医療B」に指定した。現在、慶応大学病院を中心に全国の医療機関で大規模な試験が実施されている。あと2〜3年でこの結果が分かる。その時点でもし効果が証明されれば、心筋梗塞の回復時の治療など救命救急分野で水素の吸入は大きな注目を集めるだろう。

2017年10月に開かれた第7回日本分子状水素医学生物学会では、西島病院（静岡県）脳神経外科の小野博久医師らが、脳梗塞患者50人を水素を吸う群と吸わない群に分けて症状の回復を比べる試験結果を報告した。吸った群では脳内の水分子の働きがより正常になり、「一人でトイレに行く」「自分で顔を洗う」など理学療法的な指標でも一定の効果が認められた。この結果は査読付きの学術誌にも掲載された。

大澤氏とともに2007年の論文に名を載せ、水素の研究ではパイオニア的存在の太田成男・順天堂大学大学院客員教授（細胞生物学）らは、軽度の認知症患者に水素水（水素濃度1.2ppm）を1年間飲んでもらい、偽の水素水を飲んだ群と比べる試験結果を公表した。アルツハイマー病の危険因子とされるアポリポたんぱく質E4という遺伝子をもっている患者同士で比較したところ、水素の摂取群では言語の記憶回復スコアが統計的な有意差で改善されていた。これも査読付き英文医学誌に掲載された。まだ確定的なことがいえる段階のデータではないが、期待のもてる研究は出てきている。

最近では、水素水が疲労の軽減に効果があることや日常生活における憂うつや不安、自律神経機能の改善にも効果があることが人の試験で分かってきた。いずれも大阪市立大学健康科学イノベーションセンターや理化学研究所の研究者がやっているものだ（「薬理と治療」２０１８年ＶＯＬ46、２０１７年の「メディカル・ガス・リサーチ」英文）。これらの効果については、一定の科学的根拠があるため、民間企業が機能性表示食品として消費者庁に届け出ることも可能だろう。

こうした状況に対して、エセ科学問題などに詳しい科学者でさえ、水素が臨床研究で一定の成果を上げていることを否定していない。

また、水素の作用メカニズムの解明を目指し、チームで水素研究を率いる大野欽司・名古屋大学大学院教授（神経遺伝情報学）によると、水素が細胞の受容体に作用して、遺伝子の働きを調節することがこれまでの研究で分かっているという。今後、水素がどの受容体に作用するかなど詳しいメカニズムが分かれば、水素への期待も高まろう。

そういう科学的な事実があるにもかかわらず、私の知る限り、新聞に登場する記事はネガティブな内容ばかり。客観的な内容を記事にしているのは、私くらいだった（２０１８年７月に退社したため、それ以前の話）。

記者たちはなぜ虚心坦懐に研究データを見ないのだろうか。本当に不思議である。もちろん、いくら研究成果が出てきたとはいえ、水素の吸入ががんに効くとか認知症の予防になるといった根拠はいまのところ存在しない。健康な人が吸い続けた場合に何らかの病気予防になるという確たるデータもない。

市販されている水素水の製品に大げさな健康強調表示があれば、もちろんそれは大きな問題である。いまは、水素が医療の世界でどんな効果を見せてくれるかを見守る時期である。

記者たちの悪い癖として、いったん水素を否定的に書くと、あとでよい効果が分かっても、なかなかよい面を書かないという傾向がある。最初に書いた水素の記事と、あとで書いた水素の記事が矛盾することになるからだろう。これは1章で述べた子宮頸がんワクチン問題にも言えたことだ。いったんネガティブに書き始めると、あとで肯定的に書きにくくなるという記者の習性である。

そんなバカなと思う人がいるかもしれない。

しかし、仮に私が最初に「水素は効かない」という原稿を出して、1年後に今度は「水素は効く」という原稿を出したら、原稿をチェックするデスクはおそらく「1年前の記事は何だったのか。間違いか」と尋ねるだろう。「いや、あのときは否定的に書いてしまいましたが、その後、効くというデータが見つかりました。前回と今回では視点が異なります」といえば、デスクは素直に「そうか、分かった。前回は否定的な内容だったが、今回は的確な内容の記事を読者に届けよう」と言うだろうか。たぶん言わないだろう。

デスクは過去の記事との矛盾を嫌うからだ。

よって、過去に否定的な記事を書いた新聞社からは、肯定的な記事が出てこないという予測ができる。いまのところ、この過去の記事との「整合性の矛盾」を嫌う新聞社の「慣性の法則」は当たっていると確信している。

記者たちには、ぜひ先入観抜きで記事を書いてほしいものだ。

専門家はもっとアクションを

いろいろ書いてきたが、では、どうすればよいのか。

ひとつは、専門家はもっと市民団体並みのアクションを起こせ、ということだ。

学者は学会のような世界で業績を上げるのが夢であり、目的だと思うが、それだけに終わると、メディアと市民の運動が渦巻く現実の政治世界では、自分たちの主張を浸透させることは難しい。政府の審議会ですべてのことが決定されていくなら、その審議会で専門家が大きな力を発揮して、世の中を変えていくことも可能だろうが、現実にはメディアと市民の影響力のほうが大きい。

世の中を動かす力は、市民とメディアと政治（または政治家）の力関係である。学者が属する学会は、その狭い城にとどまる限り、世の中を動かす力はない。

そこで、必要になるのが専門家（学者）が世間に出てゆくアクション力である。

そのよい例が、築地市場の豊洲移転問題で見られた。

小池知事は２０１８年７月31日、ようやく豊洲移転に安全宣言を出した。その流れのもとをつくった背景に専門家のアクションがあった。当時、小池知事は豊洲移転問題で安心をもちだし、世の中は地下水から有害な物質が検出される豊洲市場のほうが危ないかのような空気がみなぎっていた。そこに危機感をいだいた「日本リスク研究学会」に属する関澤純・元徳島大学教授（食品保健科学情報交流協議会理事長）や山崎毅「食の安全と安心を科学する会」理事長、広田鉄磨氏（関西大学）の３人が東京都庁の記者クラブで緊急の会見を行った（写真５―３）。

写真 5-3　東京都庁の会見

ＨＡＣＣＰ（ハサップ）という衛生管理システムから見れば、ほとんどの食品リスク専門家は、ネズミや鳥が自由に出入りする開放的な築地市場よりも、閉鎖的な構造の豊洲市場のほうが安全面ではすぐれていると考えている。そういう多数の意見を

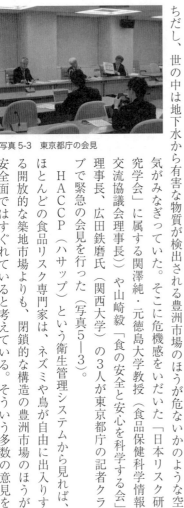

集めた署名も携えて、記者たちに説明したところ、かなりの記者は納得した。翌日の新聞やテレビには、そうした専門家の声が肯定的なニュアンスで登場した。これらのニュースを見た一般市民は「多数の専門家は、豊洲のほうが安全だと考えている」と思ったことだろう。

その後、関澤さんらはＮＨＫなど別の番組にも出るようになった。記者クラブで記者会見をするメリットは大きい。いろいろなメディアの記者たちと名刺交換をするので、記者と知り合うチャンスが増える。それをきっかけにして、記者との接点ができると、テレビや新聞から専門家としてのコメントを求められるようになる。

このように積極的なアクションを起こして、メディアに果敢にアクセスしていかないと、伝えたいことは伝わらない。

学者が「聖」の世界から「俗」の世界に飛び込んでいって活動を始めると、学者のサークル内では冷たい視線が届くかもしれないが、それでもあえて、傷つく覚悟をもたないと世の中を変える推進力にはならない。

子宮頸がんになる前段階の前がん病変を予防することが確実に分かってきたＨＰＶワクチンの世界でも、学者たちや国の官僚はなかなか世間に出ていって、メディアと市民に対峙しようとしない。

自分たちの意見をホームページに上げるだけで、世の中が変わっていくなら、こんなに楽なことはない。しかし、現実はそんな軽い行為では変わらない。

世間に飛び込んでいく勇気、そして万が一傷つくかもしれない「覚悟」が必要だ。

覚悟といえば、原子力発電所の建設・稼働にもあてはまる。住民が避難するほどの事故を起こしたら、電力会社のトップは潔く責任を取って、刑に服するくらいの覚悟がないといけない。

東京電力・福島第一原発事故の原因は、津波か地震かに関係なく、炉を冷やす全電源を喪失させたことであり、その全電源喪失への対策を怠ったことが最大の原因だ。津波を予測できたかどうかではない。宮城県にある東北電力の女川原子力発電所は、福島第一原発よりも震源に近く、津波の高さもほぼ同じだったにもかかわらず、事前にさまざまな備えをしていたため、電源を確保でき、安全に停止した。そういう意味では、全電源喪失を防ぐ対策を怠った電力会社のトップの責任は大きい。「電源さえ確保していれば、あの事故は起こりませんでした。私たちが刑事責任を取ります」と覚悟を語ってくれるリーダーが、あなたの組織のトップかどうかをみておこう。

メディアに訂正を求めよう

話はややそれたが、専門家に求められるもうひとつのアクションは、おかしなニュースや非科学的な報道に対して果敢に「訂正を求める」ことだ。

たとえば、２０１４年12月に、「知られざる大量放出」というＮＨＫスペシャル番組があった。〝衝撃の事実〟として「福島第一原子力発電所の事故後５日目から２週間にわたって放射性物質の75％が放出された」などと報じ、あたかも政府が大量放出を隠していたかのような印象を与えた番組だった。しかし、実は、放出量については２０１３年の原子力規制委員会の資料で開示されていた。

この番組に対して、「間違いが50カ所もある」として、日本原子力学会・シニアネットワーク連絡会の人たちがＮＨＫに質問状を出した。学会とＮＨＫの詳しいやりとりは公開されていないのでわからないが、こういうやりとり（ＮＨＫの反論も含め）こそ、だれでも見られるように公開してほしい。

双方の意見を聞きながら、ニュースや記事を読み解くことがメディア・リテラシー（メディア情報を見極めたり、批判的に読み解く能力）につながる。

こういう専門家からの指摘を一般の人たちが知ることになれば、記者たちはいま以上に科学性を重視した番組や記事を書くだろう。ＮＨＫスペシャルは、どちらかといえば、優秀な記者たちが練りに練って緻密につくる番組だと思うが、それでも異なる角度や視点から見れば、誤りがゼロとはいえないことが分かるだろう。

私個人の印象では、NHKは遺伝子組み換え作物や放射線リスクなどの話になると、その危険性を強調しがちでネガティブな内容に傾きがちだ。遺伝子組み換え作物に関する番組なら、私一人でも、どこがどう間違っているかが少しは分かるだろうが、原子力の話となれば、私の専門でもないため、どこがどうおかしいかが分からない。そういうときにこそ専門家が「ここが問題ですね」と第三者の目でメディア情報を読み解く作業をしてくれれば、これほど市民のメディア・リテラシーにつながるものはない。

これからのメディア界に必要なのは、メディアの誤りを指摘したり、足りない情報を補う「メディアのメディア」である。私が共同代表を務めるボランティア組織のメディアチェック団体「食品安全情報ネットワーク」（もうひとりの代表は唐木英明・東京大学名誉教授）は、この「メディアのメディア」活動を行っているが、主に食品のリスクに関する活動なので、医療や健康、原子力など他の科学的ニュースにまでは手が回らない。

他の分野に目を転じると、医療・健康情報を批判的に検証する活動を行っている「メディアドクター研究会」や政治問題などのニュースをチェックする「日本報道検証機構」（GOHOO）がある。最近はファクトチェック活動の推進・普及を目指すNPO法人である「FIJ」（ファクトチェック・イニシアティブ）も積極的に活動している。今後はそういう団体同士が連携しながら、いろいろな分野で「メディアのメディア」活動が活発になれば、メディア界も変わるだろうし、市民のメディア・リテラシーも上がるだろう。とにかくメディアは自らの非を認めようとしないから。

あとがき

ニュースのバイアス（偏り、ゆがみ）といっても、だれがどう見ても、「これは１００％偏ってますね」と同意するような例ばかりではない。私がこの本の中でトンデモ記事として挙げた事例も、別の視点をもった人から見れば、至極まともな記事だと考える人もいるだろう。偏っているかどうかは、見る人の価値観や世界観でかなり変わるからだ。

それでも、圧倒的多数の科学者が「そうだ」と言っていることを無視して、例外的な意見や出来事ばかりをニュースにしていたら、やはりバイアスがあるといってもよいのではという視点でこの本を書いた。もちろん、多数の科学者が間違うこともありうるが、それでもまずは多数の科学者が考えていることを紹介したうえで、こういう少数の科学者の意見もあるんだよと伝えるのが良いリスク報道だと思っている。

しかし、このことが実際にはなかなかニュースや記事に反映されない。仮に１００人のうち96〜97人の科学者が「ワクチン接種は有効という複数のデータがある」と言っている中で、賛成、反対の２人の科学者を1対1の両論併記で登場させれば、まるで科学者の世界が真っ二つに分かれているかのように受け止められる。こういうケースで、私が偏っていると判断するニュースは、１００人のうちの残る３〜４人の異端的な学者の意見ばかりを大きく報じる場合である。

そんなことはありえないと思う人がいるかもしれないが、子宮頸がんを予防するＨＰＶワクチンの報道（特に2014年から2〜3年間）では、実際にこういうことが起きた。食品添加物や遺伝子組み換え作物を敵視する報道では、いまも実際に起きている。一部の学者の意見や少数の市民の声だけが大きくニュースに反映されるのである。

福島の原発事故に伴う放射線リスクにかかわるニュースでも、この種の異端派重視の記事がしばしば見られる。2018年12月7日の毎日新聞夕刊「特集ワイド」（1ページの3分の2を占める大特集）もこの例であると毎日新聞社内の知人が教えてくれた。「国の安全納得できず」との見出しで、栃木県塩谷町が原発事故の放射線の影響を考慮し、子供や若い人の希望者を対象に甲状腺検査（超音波検査で助成金があり、自己負担額は3000円）を2016年度から、民間団体の検査を引き継ぐ形で続けているという記事だ。

同記事では「症状のない小児に甲状腺検査を実施すれば、放射線被ばくとは無関係に結果として生命予後に影響を及ぼさない甲状腺がんが一定の頻度で発見され得る」と言い訳程度に過剰診断のリスクに少し触れた以外は、市民団体の意見をほぼそのまま載せ、あたかも検査が重要かのようなワンパターン記事である。

甲状腺がんは、ちょっと特殊ながんである。がんがあっても一生気づかぬまま死んでいく人が多いことで知られる。つまり、被ばくとは無関係に、検査をすれば、一定の割合でがんが見つかってしまうわけだ。早く見つけて治療すれば、完治するならよいが、実際には超音波検査で甲状腺がんを早く見つけ、がんの部位を切除する手術をしても、再発を防ぐことは難しいことが分かっている。逆に治療自体が再発を誘発する（寝た子を起こす）可能性さえある。このため、子供の場合は、症状が出てから治療を始めても十分で、むやみに検査をするのは子供や親に負担（心理的な負担も含む）をかけるだけだというのが多数の医師や科学者の見方である。

国際がん研究機関（ＩＡＲＣ）の専門家グループは、これまでの科学的な知見を精査し、「全住民を対象とした甲状腺スクリーニング検査は実施しないこと」を提言している。過剰診断の弊害を重く見ているわけだ。

そもそも福島原発による放射線被ばく量は、チェルノブイリ原発に比べて大幅に低い。原発事故の現場から遠く離れた栃木県塩谷町が甲状腺検査をするのは、町民の不安に寄り添うという善意とは真逆に、住民に過剰診断のリスクを強いるもので、無駄な検査と不安を増長させるだけだと私は考える。

私なら検査を受けないし、子供にも受けさせない。検査をするメリットがないからだ。仮にがんだと診断されたら、それ以後、生命保険や医療保険にはほぼ入れなくなる。行政はそこまで考えて検査をやっているのだろうか。検査でがんと診断された子供について、「生涯にわたり面倒を見ます」という強い覚悟があればよいが、とても行政側にそこまでの覚悟があって検査を始めたとは思えない。過剰診断の弊害を分かりやすく説明することこそが行政の役目のはずだと私は考える。

困ったことに、この種の記事を書く記者たちは国際機関や日本国内の学者集団、多数の医師や科学者が発信している重要な情報を詳しく報じない傾向がある。市民派の意見を報じることも必要ではあるが、私が塩谷町の住民なら、一番知りたいのは国際機関をはじめ多数の科学者たちの意見であり、これまでの研究データである。残念ながら、そちらのほうが記者の偏った記事よりも信頼性は高い。今回のようないびつなリスク報道の構図が子宮頸がんワクチン問題と同じように、これからも続けば、科学者たちはますます新聞を信頼しなくなるだろう。そう思うとやり切れない。社会部の記者はもっと科学を重視してほしいとつくづく思う。

とはいえ、どういう記事の書き方がよいのか、いまだ名案はない。少数派だからといって、無視してよいことにはならないからだ。しかし、少なくとも多数の科学者の考えを伝えることは必要だろう。

こういうリスク報道に30年以上、新聞記者として携わってきた。そこでつくづく感じたのは、農薬が存在しなければ、農薬のリスクをめぐる争いはなかったということだ。ワクチンがなければ、ワクチンに反対する運動もないはずだ。遺伝子組み換え作物がこの世になければ、やれ自閉症の原因だとか、家畜がばたばた死ぬだとか、そういうトンデモ情報は生まれなかったということだ。

また、原子力がなければ、国会周辺で原発反対のシュプレヒコールもなかった。原発事故もなかったし、避難者もなかった。

食品添加物がなければ、食品の廃棄や食中毒の発生は増えるだろうが、添加物を敵視するような人たちは出てこなかった。

どの争いも例外なく、みな「科学技術」の登場がからんでいる。

新しいテクノロジーを、みなが諸手を上げて歓迎するならよいが、現実には、新しいテクノロジーが誕生すると、その都度、人々の熾烈な争いがメディアを巻き込んで始まる。メディアの中でも賛成派、反対派に分かれて分断化が始まる。

一方は新しい技術を「福音」とみなすが、もう一方は「悪魔」だと糾弾する。

一方は「文明の利器は便利で幸せにつながる」と強調するが、もう一方は「昔の自然がよかった。収量よりも作る喜びだ」と非難する。

ここで分かることは、科学技術がいっさい存在しなければ、文明観もからむリスクをめぐる争いがなくなるということだ。

科学技術が存在しなければ、世界中の食料生産が減って、みんなが総じて貧しくなるが、農薬も化学肥料もないので、農薬のリスクをめぐるイデオロギー的な争いごとはなくなる。

科学技術がいっさい存在しなければ、多数の人がいろいろな感染症でばたばたと死んでゆくだろうが、ワクチンも薬も存在しないので、「薬をつくった製薬会社が悪い」とか「ワクチンで人生が台無しになった」といったリスクをめぐる争いごとはなくなる。ワクチンがなければ、効果や副作用の報道もなく、救済を求める訴訟や名誉棄損の訴訟もなくなる。

科学技術がいっさい存在しなければ、遺伝子組み換え作物も存在しないので、組み換え原料を使ったかどうかの表示をめぐる、ささいな争いもなくなる。

科学技術がいっさい存在しなければ、石油製品がないので、海を漂うマイクロプラスチックの問題もないだろう。

逆にワクチンが存在すると、多数の命が救われるのは間違いないが、医薬品自体の宿命から、ごく少数の人に副作用が発生するのは避けれない。

農薬が存在すれば、食料の生産量は上がり、人々は安いパンやコメを買うことができるだろうが、その代わり「ミツバチを守ろう」といって、農薬の使用を禁止する運動が登場し、人々のいがみあいが始まる。

地球のどこかに、農薬も、化学肥料も、食品添加物も、組み換え作物も、ワクチンも、原子力も存在しない世界をつくってほしいと思う。そこに住む人たちの間にはリスクをめぐる争いはないだろうが、はたして幸せかどうかを知りたいと思う。

ワクチンのメリットとデメリットを知るには、ワクチンのない世界を体験するしかない。その意味では、いま日本はＨＰＶワクチンの接種がほぼ止まったままなので、またとない貴重な人体実験を行っていることになる。仮にこのまま接種率ほぼゼロが10年間続けば、すでに接種した世代としていない世代の将来の子宮頸がんの発生率や死亡率を比べることができる。10年～30年たって初めて、先進国では日本だけで子宮頸がんの多発がわかり、ワクチンでどれだけの女性の命が救われたかがあらわになる。

そこまで待たないと国は動かないのだろうか。

リスクをめぐる争いは本当にやっかいだ。イデオロギーをめぐる政治的な争いで過去に数百万人（いやもっと多いだろう）が粛清や革命などで命を落としている。それでも、争いは終わらない。

リスクがあるからこそ、それを科学的な議論にもっていくメディアの出番だと思うが、どういう報道がよいかをめぐる論争は永遠に続く。イデオロギーや価値観、安全性をめぐる市民と科学者と国とメディアの間のいがみあいも続く。世の中に両極端な人たちがいる限り、争いは続く。はたして出口はあるのか。自分でも分からないが、出口のない混沌とした空騒ぎの社会が、本当は幸せな社会なのかもしれないという思いもあり、悩みは続く。

そうはいっても、食品添加物や遺伝子組み換え作物などを敵視して、ひともうけしている人たちを見るとやはり闘志も沸く。最近、ベストセラーとなっている『日本が売られる』（著者は堤未果氏）という本を読んだら、遺伝子組み換え作物や農薬に関する記述が間違いだらけだった。こういう本の内容が多くの人に信じられているかと思うとぞっとする。黙っていてはよくならない。これからもメディア情報をチェックする活動に力を入れていきたい。この本はその契機にしたい。

２０１９年1月

小島正美

■読んで参考になった本

阿部修士著『意思決定の心理学』（講談社選書メチエ）
五十嵐泰正著『原発事故と「食」』（中公新書）
石戸諭『リスクと生きる、死者と生きる』（亜紀書房）
伊藤穣一著『教養としてのテクノロジー』（NHK出版新書）
畝山智香子著『「健康食品」のことがよくわかる本』（日本評論社）
H・コリンズ著『我々みんなが科学の専門家なのか?』（法政大学出版局）
大竹文雄・平井啓編著『医療現場の行動経済学』（東洋経済新報社）
太田成男著『水素水とサビない身体』（小学館）
金田武司著『東京大停電』（幻冬舎）
川合伸幸著『怒りを鎮めるうまく謝る』（講談社現代新書）
唐木英明編著『証言BSE問題の真実』（さきたま出版会）
キャス・サンスティーン著『命の価値』（勁草書房）
朽木誠一郎著『健康を食い物にするメディアたち』（ディスカヴァー・トゥエンティワン）
齊藤誠著『〈危機の領域〉』（勁草書房）
佐々木敏著『データ栄養学のすすめ』（女子栄養大学出版部）

佐々木弾著『統計は暴走する』（中公新書ラクレ）
橘玲著『朝日ぎらい』（朝日新書）
中室牧子・津川友介著『「原因と結果」の経済学』（ダイヤモンド社）
ポール・ブルーム著『反共感論』（白揚社）
松永和紀著『効かない健康食品　危ない自然・天然』（光文社新書）
村中璃子著『10万個の子宮』（平凡社）
村上道夫ら著『基準値のからくり』（講談社ブルーバックス）
森田満樹著『新しい食品表示がわかる本』（女子栄養大学出版部）
康永秀生『すべての医療は「不確実」である』（ＮＨＫ出版新書）
與那覇潤著『知性は死なない』（文藝春秋）

著者略歴

小島正美　こじま・まさみ

1951年愛知県犬山市生まれ。愛知県立大学卒業後、毎日新聞入社。松本支局などを経て、東京本社・生活報道部で主に食の安全、健康・医療問題を担当。生活報道部編集委員として約20年間、記事を書いた後の2018年6月末で退社。現在は「食生活ジャーナリストの会」代表。東京理科大学の非常勤講師も務める。

主な著書は以下。「動物たちはいま」（共著・日本評論社）、「新版・スズキメソード　世界に幼児革命を―鈴木鎮一の愛と教育―」（創風社）、「大町高校物語」（郷土出版）、「海と魚たちの警告」（北斗出版）、「滅びゆく海の森」（同）、「海からの贈り物」（共著・東京書籍）、「リスク眼力」（北斗出版）「子どもの脳の育て方」（同）、「環境ホルモンと日本の危機」（東京書籍）、「人体汚染のすべてがわかる本」（同）、「アルツハイマー病の誤解」（リヨン社）、「誤解だらけの危ない話」（エネルギーフォーラム）、「正しいリスクの伝え方」（同）、「こうしてニュースは造られる」（同）、「誤解だらけの放射能ニュース」（同）、「メディアを読み解く力」（同）、「誤解だらけの遺伝子組み換え作物」（同）など多数。

エネルギーフォーラム新書　041

メディア・バイアスの正体を明かす

2019年1月30日　第一刷発行

著　者　小島正美
発行者　志賀正利
発行所　株式会社エネルギーフォーラム
〒104-0061 東京都中央区銀座5-13-3　電話 03-5565-3500
印刷・製本所　錦明印刷株式会社
ブックデザイン　エネルギーフォーラム デザイン室

定価はカバーに表示してあります。落丁・乱丁の場合は送料小社負担でお取り替えいたします。

 ISBN978－4－88555－501－5